NPOで起業する!

稼げるNPOの経営術

跡田直澄 Naosumi ATODA

実業之日本社

はじめに

阪神淡路大震災が起きた20年前に比べると、ＮＰＯの存在は国民の間に広く浸透した印象を受けるが、その真の役割は、はたしてどこまで理解されているのだろうか？

本書を通じて、21世紀の日本を支えるためにＮＰＯが果たすべき役割を改めて考えてみたい。

政府の役割の中でとくに重要なものの一つが、災害への備えである。

しかし、「千年に一度」と形容されるような大規模な災害に万全の体制を敷いておくのは、現実には不可能である。巨大な津波を完全に止める、あるいは巨大地震がもたらす道路などの社会資本への損害を完全に回避することなどはできようはずがない。

万全を期して、政府が確実にやっておくべきことは、災害による被害の発生状況を完全に予測して、周知させておくこと。また、災害発生後の救助・救難体制、被災者支援体制をあらかじめ整備して、これも周知徹底させておくことである。

しかし、それができていないことを痛感させられたのが東日本大震災だった。

政府は、阪神淡路の大震災で被災者支援体制の不備を熟知していたはずなのに、東日本大震災ではその教訓が十分には生かされとはいえず、またもや対応が後手、後手に回ってしまったのである。

阪神淡路大震災のときには、政府・行政にマニュアルがなく、そのため被災地は完全に機能不全に陥ってしまい、それを民間のボランティア組織が自主的に補ったというのが実態だった。

東日本大震災では、阪神淡路の経験が生かされた一面もあったが、あまりにも被害が広範囲に広がっていたため、また行政の中心が被災してしまった地域もあり、政府・行政がその機能を十分に発揮できたとはいえない状況だった。

一方、民間非営利組織の動きは迅速かつ組織的だった。

災害支援専門の非営利組織、支援物資の収集・送付や寄付金集めに専念する非営利組織など、それぞれの得意とする分野で積極的な活動を展開したのである。

これは、阪神淡路の震災以降、非営利組織に関する諸制度が整備されて来た成果だといえるだろう。

21世紀になって新たな段階に入った非営利組織は、新しい局面を迎えている。民法34条の改正が難しいといわれていた20世紀末、まずは「特定非営利活動法人制度」が創設され、法人格の取得が可能になった。続いて、寄付の増大を目指し、アメリカのパブリック・サポートテストの導入という形で、「認定法人制度」が整備された。

その後、公益法人制度の改革が本格化し、「新公益法人制度」が整備され、イギリス型の公益認定制度のもとで、財団と社団を一般と公益に区分することになった。また寄付金税制も大幅に改善され、非営利組織に対する諸制度はアメリカやイギリスと比べてもほぼ遜色ないといえるほどにまで整った。

日本では、NPOといえば特定非営利活動法人を意味することになってきたわけだが、そろそろ公益法人、さらには学校法人や社会福祉法人などの公益法人なども、NPO＝非営利組織と認識すべきである。

それを前提に、本書では新たな時代のNPOを模索してみた。

さまざまな論争はあるものの、90年代以降の日本経済の停滞は政府の政策の失敗によるところもあろうが、さまざまなレベルの大学に所属した私の経験からして、やはり労働の生産性の低下、とくに労働力の質の低下によるものが大きく起因しているように思える。

そこで、次なる時代への橋渡し役となるべきＮＰＯには、なんといっても教育面での貢献を期待したい。

そこで出会ったＮＰＯが「カタリバ」と「ティーチフォージャパン」である。

この2つの団体は、従来の学校教育では満たされない側面に貢献しようと、非常に興味深い活動を展開している。教育から日本を変える力となることを期待したいＮＰＯだ。

日本を蘇えらせるもう一つの要因はコミュニティの再生にある。

高度成長期の地縁型コミュニティの崩壊は、経済成長の持続過程ではまだ金銭的な問題を表面化させなかったともいえるが、経済が停滞期に入り、人口の高齢化も加わって、多くの問題を発生させている。

そこで登場してきているのが、コミュニティの再生・活性化を支援しようとする「町づくり系」のＮＰＯや、コミュニティ活動をベースにしながら世界の問題にまで関わろうとするＮＰＯだ。

20世紀型の地縁再生型ＮＰＯ、あるいは海外支援型ＮＰＯという単一目的型ではなく、専門知識を備えた提言型のＮＰＯ、あるいは学びと活動をリンクさせた地縁型ＮＧＯといった側面を併せ持ったＮＰＯが生まれてきている。

そして、本書でとくに注目しているのが、寄付文化の醸成に力を注いでいるＮＰＯである。

日本経済の停滞の主因は、まだ政府・行政が経済の中心に位置し、民間経済や市場と対話するのではなく、あくまでもコントロールしようとしていることにある。

たとえそれが安心・安全ではあっても、政府ができることには限界がある。

もちろん民間にも限界はあるが、民間はそれを認識している。

しかし、政府、とりわけ行政組織はまだ十分にその限界を認識せず、規制と利権を手放そうとしていない。もちろん、マスメディアや国民意識にも、政府・行政に責任を転嫁する傾向が強く残っている。

21世紀の中盤に向けて清新な日本を創り出すためには、自律した市民を育成し、民間の営利・非営利組織と政府・行政とのベストミックス社会を形成していくことが必要だ。

そのために重要な役割を担うのが、清新なＮＰＯである。

「弱きもの。汝の名はＮＰＯ」から脱却し、日本再生の中核となるＮＰＯが続々と育ってくることを願っている。

2014年6月

跡田直澄

NPOで起業する！ 稼げるNPOの経営術

―目次―

第1章 いま注目されるのは神奈川の「県指定NPO法人制度」だ！

第2章 一般企業に勝てるNPO法人

第3章 普通の市民が国や地域を越えて支え合う「民際協力」のＷＥ21ジャパン

第4章 先輩が高校生の心に火をつける「ナナメの関係」

第5章

「カタリバ」と「ティーチフォージャパン」が合体した新しいスタイルの「私塾」の登場が望まれる

第6章

町づくり系NPOの代表は地域の「文句言い」が好ましい！

第7章

これからはNPOが自分たちの力で寄付市場を作り出す時代だ！

ブックデザイン　人見祐之

第1章

いま注目されるのは神奈川の「県指定NPO法人制度」だ！

宙に浮きかねない多額の義援金

「ＮＰＯ」という言葉が生まれたのは第二次世界大戦前のアメリカだが、日本でこの言葉がさかんに聞かれるようになったのは、１９９５年1月17日に起きた阪神淡路大震災がきっかけだった。

このとき、阪神地区の被災地には全国から多くのボランティアが集まって支援の手を差し伸べ、義援金や支援物資も続々と集まった。

ところが、現場では大混乱が生じてしまったのである。

「ボランティアをどこにどれだけ派遣すればいいのか？」

「支援物資を、誰がどのようにして、どこに配ればいいのか？」

ボランティアに情報や指示を出すべき自治体の職員数が圧倒的に不足していたため、手をこまねいていたボランティアが多数いたし、おのずと援助活動や支援物資の配布も停滞してしまったのだった。

ここで、改めて「組織」の必要性が意識され始めた。

ボランティアの集合体としてのNPOの存在が強く意識され始めたわけだ。

同時に、必要性が叫ばれたのが、「法人格」の問題である。

私の知るところでは、震災直後、全国から参集したボランティアの取りまとめ役をしていた早瀬昇さん（当時、大阪ボランティア協会事務局長）の次のようなエピソードがある。

当時、早瀬さんたちがテレビなどの取材に引っ張り出され、被災地の窮状を訴え、自分たちの活動をPRしたところ、全国から続々と現金書留が届いたのである。多いときには1日100万円を超える義援金（今でいう「活動支援金」）が届いたという。

国民の善意の証であるから、ちゃんとした受け皿を用意する必要があった。そこで大阪ボランティア協会の理事長を代表者に、今でいう災害ボランティアセンター「被災地の人々を応援する市民の会」を創設した。

彼らの豊富な経験と知識をもってしても、当時の制度では、人格なき社団として任意団体を設立するしかなかった。義援金は、金融機関に開設した「被災地の人々を応援する市民の会代表○○○○」という口座で管理することにした。しかし、「市民の会」そのものは任意団体なので、この預金は団体の代表者（預金名義者）の財産と区別しにくい状態だった。

現地で活動していた法人格を持たない多くの市民活動団体やボランティア団体でも、同様のエピソードがある。彼らにも多額の義援金が届いていた。そうした団体の中には、銀行に預ける際に団体名をふさずに団体代表あるいは会計責任者の個人名義で預金するものもあった。

被災地でボランティア活動をしているわけだから、余震などに巻き込まれて不慮の事故に見舞われる危険性がないとはいえない。預金名義者の身に万一のことがあれば、法律上、その多額の義援金は彼個人の財産とみなされてしまう。

これは、本人も納得できることではない。

そこで、彼らは多額の現金を前にして、「自分の身に万が一のことが起きた場合は、このお金は……」と、毎日のように遺書をしたためて、ボランティア活動にいそしんだそうだ。

営利企業ならば簡単に法人格を取得できるのに、非営利でかつ公益的な活動をする小規模な団体では法人格を取得する方法がなかったために生じた悲劇といっても言い過ぎではないだろう。

阪神淡路大震災が起きた1995年が「NPO元年」と呼ばれている理由

その頃、非営利で公益に寄与する活動を行おうとする団体は、民法34条に規定された公益法人である社団法人か財団法人になるしか道がなかった。

ちなみに「社団法人」は一定の目的で構成員（社員）が集まった団体の中で、法人格が認められたもの。「財団法人」は、ある特定の企業や個人が拠出した財産で設立された法人のこと。「社団法人」は人だけの集まり。「財団法人」は基金を持つ、いわばお金の集まりだと考えれば分かりやすいだろう。

しかし、民法34条の規定に基づいて法人格を取得しようとすれば、やっかいな手順を踏み、時間をかけて行政機関の「許可」を受ける手続きが必要だった。

社団法人の場合は、極論すると役所の下部組織でなければ認めてもらえなかった。今でも、政府の刊行物を発行しているような、実態がみえない社団法人がたくさんある。

一方、財団法人の場合は2億、3億単位の基金を用意しなければならなかった。

これでは、

「非営利の活動がしたい」

「公益性を持つ活動をしたい」

そんな志を持つ団体は、入り込む余地がない。

仮に法人格を取得したとしても、主務官庁による指導を受けるのはもちろん、なにかと活動に制限が多かった。つまり、法人化のハードルが高く、市民による自由で自発的な活動が制限されていたのである。

そのため、１９８０年代から、

「民法34条を変えろ！」

という論議がなされていたのだが、肝心の民法学者たちが乗ってこなかった。とくに学界の重鎮たちは変化を好まない。背景には自分たちが培《つちか》ってきたものが瓦解《がかい》してしまうからだ。

しかし、阪神淡路大震災を契機として、議論が沸騰した。

「ＮＰＯを設立しやすくしよう」

「ＮＰＯ団体に法人格を与えて、義援金などのお金も入れられるようにしよう」

という提言が関西を中心に出された。法人格取得規制の緩和を求める市民活動促進法制定運動が起きたのである。

この動きに複数の政党や政治家が呼応して、震災から3年後の1998年に、NPOの設立を容易にし、一定の条件を満たす団体は特定非営利活動法人として「法人格」の取得が可能になる「特定非営利活動促進法」、いわゆる「NPO法」が整備された。

この法律は、従来の「許可制」ではなくて、申請書類などに不備がなく法律上の要件さえ満たしてさえいれば、所轄官庁(都道府県・政令指定都市)の関与を経ることなく、必ず設立を認めるという「認証主義」を採用しており、NPO設立のハードルが非常に低くなった。NPOが設立しやすくなったのである。

同時に、NPOに法人格が与えられた。

前述の早瀬さん(大阪ボランティア協会)の事例でいけば、早瀬さんの身に万が一のことが起きても、多額の義援金は、個人のものではなく社会に還元できるようになったというわけだ。

そのため、阪神淡路大震災の起きた1995年は「日本のNPO元年」と呼ばれている。

すぐにでも設立可能なNPO法人

阪神淡路大震災で学んだ教訓を生かして、震災から3年後の1998年に『NPO法』が整備され、NPO設立のハードルが非常に低くなり、同時にNPOに法人格が与えられた。

法人格を取得することには、

1　法人名義で銀行口座を開設できる
2　法人名義で不動産登記ができる
3　法人名義で事務所の賃貸などの契約を締結できる
4　情報公開を通じて、団体の活動などに対する理解を得やすくなる

といったメリットが上げられる。

仮に代表者がNPO活動をやめたとしても、その志も資産もNPO法人が引き継ぐことがで

きるわけだ。

また、ＮＰＯ法人に認証されることによって、地域住民の信頼と安心を得ることができて、各種会合を開く際に公的施設を借りやすくなるというメリットもある。

ＮＰＯ法人を設立するためには、当時は内閣府あるいは都道府県庁（現在は都道府県庁あるいは政令指定都市）の窓口に出向き、法令に定められた書類を添付した上で、設立の「認証」を申請する。

ちなみに、申請時に提出する書類は27ページの図表に示した通りだ。

ただし、インターネット上に「ＮＰＯ設立の手続き」というホームページが用意されているので、ダウンロードすれば役所に出向く手間が省ける（内閣府のホームページにも、ひな形が用意されている）。

最近は、この認証申請業務を代行する行政書士も全国に散見するが、１日か２日かけて真剣に対応すればでき上がるはずなので、ぜひ、自分たちで取り組んでいただきたい。ＮＰＯ法人になれば毎年、事業報告書や活動計算書、役員名簿などを作成し、公開する義務が生じるので、この程度のことをいちいち外部発注すべきではないと思う。

チェックされるのは、要するに書類がルールに従って書かれているかどうかだ。

明確な「設立の趣旨」が大前提となるのは改めて言うまでもないが、その他にも具体的な活動内容、理事の住民票、理事会の意思決定の仕方や解散するときにはどうするか、さらには事業計画書や事業収支予算書なども要求される。

ただし収支の予算は、あまり細かく記入する必要はない。赤字にならないことを前提として、アバウトな収入と支出を上げておけばいい。

あくまでも、「書類に不備がなければいい」というのが、「認証」なのである。

書類に不備がなければ受け取ってもらえる。

その後、書類が公示・縦覧される。

所轄庁が、申請のあった年月日や法人の名称、代表者の氏名、事務所の所在地、そして記載された「ミッション」などを公示して、2～3ヵ月にわたって市民の縦覧に供するわけだ。

自由に見られるようにして、「この団体の活動に、申し立てがある方はどうぞ」と賛否を問うわけだが、通常はまず文句が出ることはない。

そして知事は縦覧期間を経過した2～3ヵ月以内に、認証または不認証の決定を行う。

改めていうまでもないが、次のような団体は不認証となる。

申請時に提出する書類

提出書類のリスト	提出部数
申請書	1部
定款	2部
役員名簿（役員の氏名及び住所又は居所並びに各役員についての報酬の有無を記載した名簿）	2部
役員の就任承諾及び誓約書の謄本	1部
役員の住所又は居所を証する書面	1部
社員のうち 10 人以上の氏名及び住所又は居所を示した書面	1部
確認書	1部
設立趣意書	2部
設立についての意志の決定を証する議事録の謄本	1部
設立当初の事業年度及び翌事業年度の事業計画書	2部
設立当初の事業年度及び翌事業年度の活動予算書	2部

1　暴力団、または暴力団員の統制下にある団体
2　宗教活動や政治活動を主な目的とする団体
3　特定の公職者（候補者を含む）または政党を推薦、支援、反対することを目的とする団体

認証に至るまでは費用はほとんどかからない。必要なのは交通費くらいだ。

ただし認証されたなら、法務局に登記が必要で、その際、20万円程度の費用がかかる。これは中小の企業が株式会社として登記する場合と同じ金額だ。

設立資金も必要ない。その他で必要な費用は銀行に口座を開くための費用。極端にいえば10円でも口座は開ける。

そして、あなたの自宅をＮＰＯ法人の住所にすることもできる。

おわかりのように、しっかりしたミッションと10人余りの賛同者がいれば、いますぐにでも設立できるのがＮＰＯ法人だ。

寄付金税制を見直した「認定NPO法人制度」

設立したＮＰＯは、できるだけ長続きさせ、その志をまっとうしたい。

そして、ＮＰＯを維持・拡充させるためには「自前の稼ぎ（営業収入）」、「補助金・助成金」、そして「寄付」という3つの柱が欠かせない。一般企業と同様に営業収入を上げ、補助金や助成金をいただき、寄付を仰ぐ。理想をいえば、この3つが三位一体となっているのが好ましい。私はこれをＮＰＯの「三分の一ルール」と呼んでいる。


その重要な柱の一つである寄付に関し、「ＮＰＯに対する寄付税制」という考え方が日本で初めて具体化したのが、2001年10月に実施された「認定ＮＰＯ法（認定特定非営利活動法人）」制度だった。「ＮＰＯ法」が施行されてから3年後のことである。

これは市民や企業からの「寄付」を促すことにより、ＮＰＯ法人の活動を支援することを目的とした法律で、ワンランク上のＮＰＯ法人である「認定ＮＰＯ」になると、その法人に寄付をした市民や企業などが、税制上優遇されるという法律だ。

背景には、三分の一ルールの中で、日本のＮＰＯ業界の最も弱い部分が寄付金集めであるという実情があった。

寄付に関しては改めて後述するが、戦後の日本には「寄付文化」が根付いていない。そのため、なかなか寄付金が集まらない。そこで、「ＮＰＯに対する寄付金を、政策的にも優遇していかねばならない

という考え方が、政府や行政側にも日増しに強くなっていった。

なにせ日本では、個人でＮＰＯに寄付金を贈りたいと思っても、その人の所得から一銭も控除されないのである。

また、個人で相続財産をＮＰＯに贈与したいという場合にも、遺言がある場合を除いて、原則として控除の対象にはならない。

ちなみに企業としてＮＰＯに寄付する場合は、ある一定枠まで控除額が定められていたが、諸外国に比較すると控除率は非常に低い。

このままでは、日本にはなかなか寄付文化は定着しない。

ＮＰＯの「三分の一ルール」など、夢のまた夢である。

そこに登場したのが、２００１年の「認定ＮＰＯ法人制度」だ。

認定NPO法人制度の経緯

1998年 3月	**特定非営利活動促進法**（通称NPO法）**成立**
12月	**12月1日施行**
2001年10月	**認定特定非営利活動法人**（認定NPO法人）**制度の創立**（租税特別措置法による制度）
	国税長官が認定する制度

《この間、何度も改正される》

2011年 6月	**新寄付税制施行**
2012年 4月	**改正NPO法施行** （租税特別措置法による認定NPO法人制度は廃止）
	所轄庁（都道府県の知事または指定都市の長）**が認定する制度**

認定NPOが従来のNPOと異なる点は大きくいうと3つあって、

1　認定をするのが、都道府県ではなく、国税庁である

2　寄付金に対する所得税・法人税が優遇される

3　収益事業からの寄付金を20％まで認める

以上である。

おわかりのように、この法律では、寄付に対する税制上の優遇に力点が置かれている。その裏には、「寄付市場が拡大することで、国庫から支出する補助金が軽減できる」という政府の思惑が透けて見える。行政の立場に立ってみれば、税収不足を民間の寄付で補うことができるのではという期待があったと考えられる。

ところが、制度はできたものの、実際には「認定NPO」はなかなか増加しなかった。国税庁長官に認定されるためのハードルが非常に高かったからだ。

たとえば、NPOの「総収入（寄付金＋助成金＋会費＋事業収入など）」に対する「寄付金＋助成金＋寄付金的な会費」の割合があげられる。

当初は、「認定ＮＰＯになるためには、総収入の半分以上が寄付金や助成金でなければならないとされており、そんな団体は実際にはあり得ない。あったとしても、ごくごく少数である（その後、３分の１、５分の１へと引き下げられる）。

２００１年10月の「認定ＮＰＯ法人制度」は、寄付税制を整えようとして実施されたが、実情にそぐわない、極端な言い方をすれば、机上の空論に過ぎなかったのである。

その後、認定ＮＰＯ法人法は何度も改正され、東日本大震災の翌年の２０１２年４月に施行されたのが、以下に紹介する「改正ＮＰＯ法」だ。

これは「新ＮＰＯ法」と呼ばれている。

これからは「認定NPO」を目指そう！

阪神淡路大震災から16年が経過した２０１１年３月11日、日本は、観測史上最大の地震である東日本大震災に見舞われた。

ここでも数多くのボランティアが被災地の内外でさまざまな支援活動を展開し、改めてNPOの役割が見直された。

前述したように、日本で、ボランティアの集合体としてのNPOが強く意識され始めたのが、1995年の阪神淡路大震災だった。そして、その必要性が再び注目されたのが東日本大震災。大きな災禍に見舞われるたびに注目されるのがNPOという存在だ。

東日本大震災後、多くの国民が寄付を行ったが、行政としては国民のNPOに対する寄付をもっと促したい。震災対策はもちろん、福祉、環境、町づくりなどさまざまな社会貢献活動を促進することにより、社会のさまざまなニーズに対応してもらいたい。

ここで改めてクローズアップされた問題点が「寄付金税制」だった。

前述したように、寄付市場が拡大することで、結果的に国庫から支出する補助金も減額できるのである。

そこで政府は、より多くのNPO法人が寄付金税制の優遇措置を受けられるようにするために、「認定NPO法人」の認定基準を緩和したのである。

それが2012年4月に施行された「新NPO法」だ。

2001年の「認定NPO法人制度」とはどこが違うのか？

認証と認定の違い

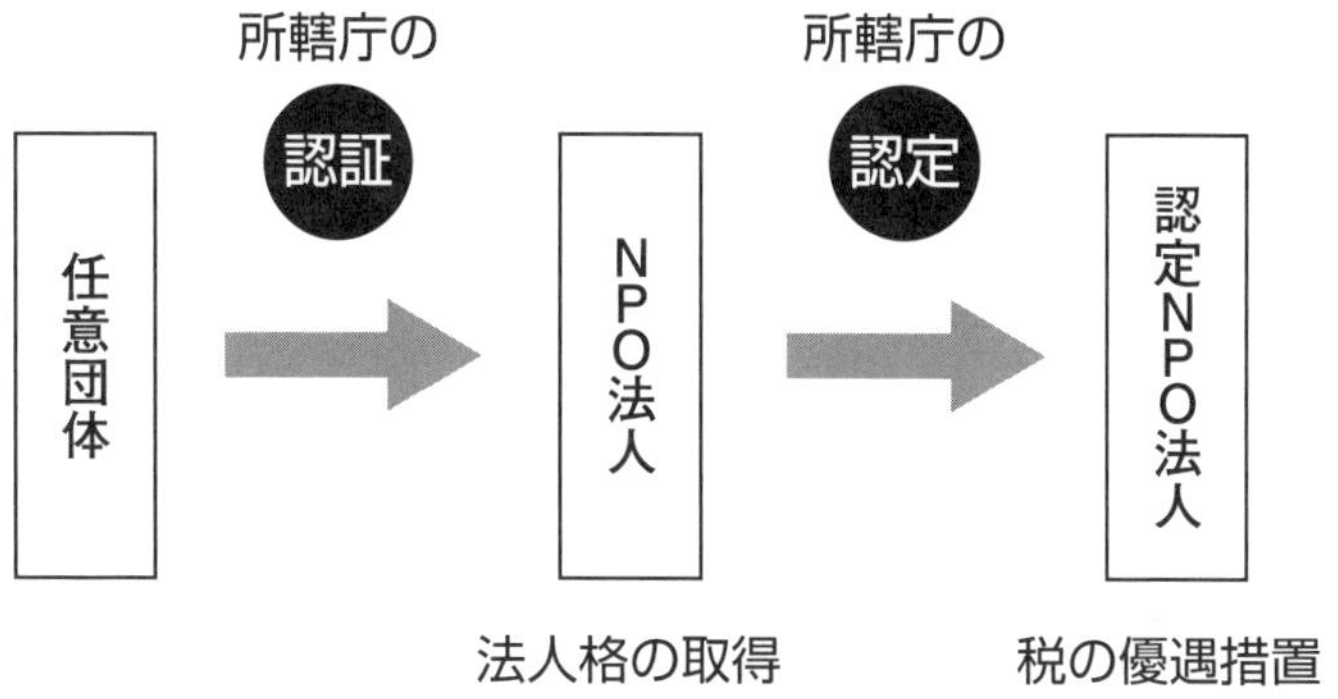

まずは所轄官庁の変更があげられる。

初めて認定NPO法が作られた2001年から2012年3月末までは国税庁が認定事業を行っていたが、NPO法が改正され、新NPO法が施行されるようになった2012年4月1日からは、都道府県・指定都市が所轄庁として認定事務を行うことになった。ここでいう指定都市とは、札幌市、横浜市、大阪市、北九州市など全国20カ所にある政令指定都市のことだ。

これにより、NPO法人は国税庁まで出向く必要がなく、より身近な所轄庁で認定の相談や申請ができるようになった。

それまでは、全国に12カ所しかない国税局が実際の審査・相談担当だったため、心理的なハードルが高かったし、地方の団体が申請しづらいといった問題点があったのである。

認定NPO法人になるためには、別表の9要件が定められている。

もう一つの改正点が、「仮認定制度」の創設だ。

仮認定制度とは、9つの要件のトップに定められている「PST（パブリックサポートテスト）のクリア」が免除されるという制度だ。

そして、実はこのPSTのクリアのハードルが最も高かったのである。

PSTクリアの要件が除外される仮認定制度

PST（パブリックサポートテスト）とは、そのNPOがどれだけ多くの市民に支えられているかを計るための基準で、アメリカにおいて、NPOを非課税扱いするかどうかの判断を「パブリックサポートテスト」と呼んでいることにならったものだ。

具体的には、

認定NPO法人になるための9つの要件

1　PTS(パブリックサポートテスト)をクリアすること

パブリックサポートテストは、そのNPOがどれだけ多くの市民に支えられているかを計る基準のこと。寄付金の額、寄付者の人数などによって、どれだけ多くの市民に支えられているのかを計る。

2　活動のメインが共益的な活動でないこと

共益的な活動とは、会員等の一部の限定したメンバーのみというような特定の人を対象とした活動のことを言う。主たる活動が共益活動にあたる場合は、認定されない。

3　運営組織や経理が適正であること

公益活動を行う法人として、組織が適正に運営されているかどうか、不正な経理を行っていないかどうかを確認するための基準。

4　事業活動について一定の要件を満たしていること

宗教・政治活動や特定の個人・団体の利益を目的とした活動を行っていないかどうかを確認するための基準。

5　情報公開が適正に行われていること

NPO法人は多くの市民に理解され支援されるためにも、法人に関するさまざまな情報を開示することが義務付けられている。認定NPO法人には、一般のNPO法人以上に情報開示を徹底することが求められている。

6　所轄庁への書類を期限内に提出していること

前述したように、NPO法人にとって情報公開は大変重要である。所轄庁への事業報告書類などを、その提出期限の順守を含めて適正に提出することは、最低限果たしておかねばならない義務である。

7　法令違反、不正の行為、公益に反する事実等がないこと

法令や法令に基づいてする行政庁の処分に違反するような事実、偽りや不正の行為によって利益を得た、あるいは得ようとした事実、その他公益に反するような事実があったなら認定されない。

8　法人設立後一定の期間を経過していること

設立したばかりで実績のない法人は認定されない。認定または仮認定の申請書を提出した日を含む事業年度の初日において、NPO法人の設立日から1年を超える期間が経過している必要がある。

9　欠格事由に該当していないこと

欠格事由とは、公の機関への許認可等の申請において、認められない理由のことを言う。認定NPO法人制度にも欠格事由が定められていて、欠格事由に該当する場合は認定されない。

1　認定を受ける団体の総収入額のうち、「寄付金収入の占める割合が20％以上」

2　申請の時点からさかのぼって、直近の5事業年度（初回申請時のみ2事業年度）において、「年3000円以上の寄付者」が、「年平均100人以上いる」

以上2つのうちどちらかを選択できることになった。

前述したように、寄付金の占める割合に関しては、2001年に「NPO法」が施行された当初は、収入に占める寄付金の割合が半分以上なくてはならないという非現実的なものだった。それがやがて3分の1に、そして5分の1（20％）に引き下げられ、徐々に現実味を帯びてきた。

しかし、実際にはそれでもハードルが高い。

というのも、現在、日本のNPOの多くは事業によって収益をあげるタイプの「事業型NPO」である。典型的なのが介護保険を収益の柱にして運営しているような事業者だ。この種のNPOには介護保険収入が入ってくるため、寄付金があったとしても20％にはとどかず、なかなか認定を受けられないのである。

これではNPO業界は活性化しないということで、2012年4月に施行された「新NPO法」では、「3000円以上の寄付が100人以上集まればいい」

認定NPO法人と仮認定NPO法人の受けられる税制優遇の違い

受けられる税制優遇	認定NPO法人	仮認定NPO法人
寄付をした個人が寄付金控除を受けられる	○	○
寄付をした法人の損金算入限度額が拡大される	○	○
寄付をした相続財産が非課税になる	○	×
みなし寄付金を受けられる	○	×

という選択肢が新たに加えられたのである。つまり、3000円以上の寄付が100人以上集まれば、「多くの市民に支えられている」とみなされるわけだ。

とはいえ、設立されたばかりのNPOは知名度が低く、その存在が市民の間に浸透していないため、寄付金を集めるのが難しい。3000円以上の寄付金を100人以上集めるというのは容易なことではないのである。

そこで、原則として5年を経過していない法人で、かつ過去に「認定」または「仮認定」を受けたことがない法人に限り、パブリックサポートテストの条件を満たしていなくても、寄付者に対する税制優遇を受けながら寄付を募っていけるようにしましょうという趣旨でつくられたのが「仮認定制度」だ。

ただし、仮認定制度はあくまでも「認定NPO法人」へのステップアップを図るための制度であり、有効期間

認定NPO法人と仮認定NPO法人の違い

	認定NPO法人	仮認定NPO法人
要件	9つの要件をすべて満たしている	パブリックサポートテスト以外の8つの要件を満たしている
有効期限	認定された日から5年間	仮認定された日から3年間
更新	可能	不可能
対象	法人設立後1年を経過したすべてのNPO法人	法人設立後1年を経過し、かつ法人設立後5年以内のNPO法人 ※2012年4月1日より3年間は、法人設立後5年を経過した法人も対象
税制優遇	①寄付をした個人が寄附金控除を受けられる ②寄付をした法人の損金算入限度額が拡大される ③寄付をした相続財産が非課税になる ④みなし寄付金を受けられる	①寄付をした個人が寄附金控除を受けられる ②寄付をした法人の損金算入限度額が拡大される ※左欄③④についての優遇はなし

は仮認定された日から3年間。更新は不可能である。つまり、現状、寄付金0円でも「認定」のチャンスを与える。ただし、3年間の間にPST（パブリックサポートテスト）をクリアする体制を整え、新たに認定を受けなければならないというわけだ。

いま注目されている神奈川方式とは？

PSTをクリアするためには、総収入の20％が寄付金で占められているか、あるいは3000円以上の寄付金を100人以上から集めなければならないわけだが、要件がここまで緩和されても、認定あるいは仮認定を受けるのはなかなかに難しい。

2013年12月1日の時点で、都道府県で「認定」を受けたNPO法人は全国で136、同じく政令指定都市で「認定」を受けた団体数は49。合わせて185団体にしか過ぎない。「仮認定」の方はといえば、都道府県が88、政令指定都市が21。合計で109団体だ。

一方、認証されたNPO法人の数は全国で4万8611団体に上っている（2013年12月

31日時点）。

　約５万の団体のうち、「認定」あるいは「仮認定」を受けたＮＰＯ法人の総数は５６９団体。確率は実に１・２％。これはあまりに低い数値だ。

　そこでいま注目されているのが「神奈川方式」である。

　神奈川県は「新ＮＰＯ法」が施行される１年前の２０１１年に、県議会で「県指定ＮＰＯ法人制度」を定める条例を制定し、翌２０１２年の２月１日に、「新ＮＰＯ法」に先駆けてスタートさせた。

「指定ＮＰＯ」が神奈川県独自の方式であることから、「神奈川方式」とも呼ばれている。

　この制度はいったいどんな内容なのか？

　端的にいえば、寄付がまだあまり集まってい

神奈川県指定NPO法人になることのメリット

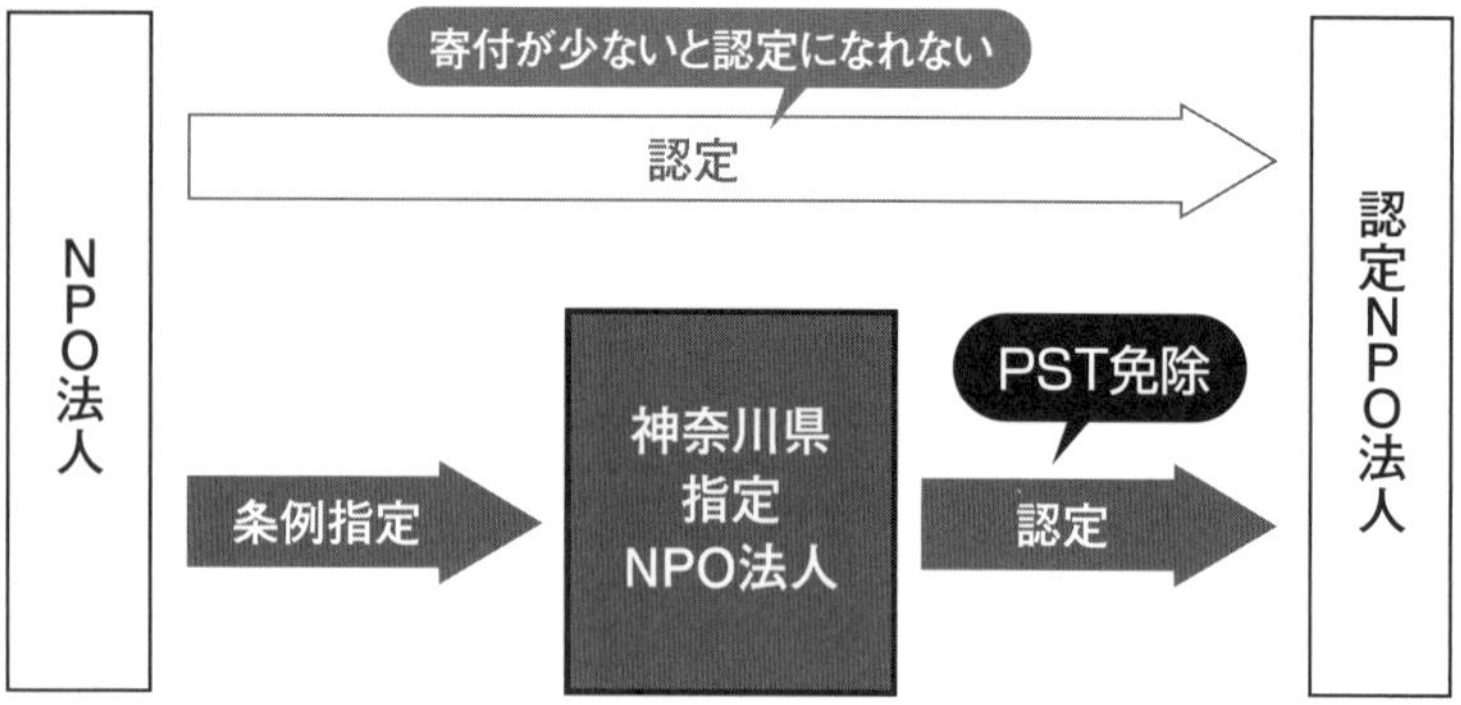

- PSTが免除されるため、寄付が少なくても認定に進むことが可能
- 多様な公益要件から選択可能

ないNPO団体であっても、優遇税制を受けることができるようにという配慮から制定された条例で、神奈川県独自の指定要件をクリアすれば、優遇税制を受けることができるようになるとともに、「認定NPO法人の要件の一部」、具体的にはPSTをクリアできるというものだ。

つまり、新NPO法の基準よりもレベルは落とさずに異なった基準の指定を受けることで認定への道が開けたという、いわば「新NPO法」の進化形だ。

神奈川県の県指定NPO法人制度をまとめると、以下の3つのポイントに集約される。

1 寄付者が少なくても指定の対象となる

認定NPOのPST絶対値基準は「3000円以上の寄付者が年平均100人以上」とされているが、神奈川県指定の判断基準では寄付を受けている実績以外に、行政や企業からの支持など、多様な実績を選択できる。支持の実績としてはいずれか一つを選択すればよく、寄付以外の基準を選択すれば、寄付者の人数・金額などは判断基準外となる。

仮に寄付の実績を選択した場合の判断基準は、「1000円以上の寄付者が年平均100人以上」とされている。認定の3000円に対し、こちらは1000円でいいわけだ。

神奈川県指定NPO法人制度の5つのポイント

● 寄付者が少なくても対象になる

認定のPST要件の絶対値基準3,000円以上の寄付者年平均100人以上に対し、指定の判断基準では寄付を受けている実績以外に、行政や企業等からの支持など多様な実績を選択できる。

支持の実績としてはいずれか一つを選択すればよく、寄付以外の基準を選択すれば、寄付者の人数・金額等は判断基準外となる。

また、寄付の実績を選択した場合の判断基準は、年額1,000円以上の寄付者が年平均100人以上とされる。

● 地域の支援やボランティア活動も実績になる

県内における法人の活動、地域の住民の署名や無償ボランティア活動の受入時間数なども支持を受けている実績になる。

● 県内で活動している法人が対象になる

県内に事務所がなくても、県内で活動していて、県内に受益者がいれば申出できる。

● NPO法人の情報公開が進む

指定されたら、小規模な法人を除きインターネット上での情報公開が義務付けられる。

● 認定申請への準備になる

2　地域の支援やボランティア活動も実績になる

県内における法人の活動、地域の住民の署名や無償ボランティア活動の受け入れ時間数なども支持を受けているという実績になる。

3　県内で活動していれば対象となる

たとえ県内に事務所がなくても、県内で活動していて、県内に受益者がいれば申し出ができる。

100人以上の署名が集まれば指定される「神奈川方式」

神奈川方式で「県指定NPO法人」になるための要件としては、公益に寄与する団体であることが求められるのは改めていうまでもない。

公益に寄与していることを証明する「活動内容」と「活動実績」が求められることになるが、活動実績を示す選択肢の中にひときわ目を引く項目がある。

「地域の住民から支持を受けている実績。ＮＰＯ法人の活動地域の住民など、１００人以上からの署名、１００人以上の住民で構成される自治会からの推薦、無償ボランティアの実績、寄付の実績などがある」

つまり、１０００円以上の寄付者が１００人いなくても、１００人以上の署名が集まれば公益要件の一つを満たし、指定される可能性が高くなるというわけだ。

別に寄付を受けていなくても、署名を集めることができれば、地域で活動し、地域の人々に支えられているとみなされる。これが「神奈川方式」の大きな特徴である。

１００人以上の署名を集めて指定ＮＰＯとなり、その指定を持って国に認定ＮＰＯの申請をすれば、半年余りの審査期間を経て比較的スムーズに認定ＮＰＯになれる。

現在神奈川県には40あまりの「指定ＮＰＯ法人」があるが、そのうち21団体あまりが「認定ＮＰＯ法人」になっているのである。

おわかりのように、ＮＰＯ法人が認定を直接受けるのは難しい。しかし、地域でその活動が支持されている団体に対する神奈川県の指定制度は、身近な所轄庁だからできる信頼度の高い制度である。それゆえ、認定ＮＰＯへのスムーズな道が開かれているわけだ。

いまや神奈川方式はかなり認知されてきたので、神奈川で活動しているＮＰＯ法人で、まだ寄付金が少ない団体は積極的に指定を申請するべきだ。

指定NPOになるにあたっては、基本的に活動してきた時間の制約はない。一応、2年間の財務諸表を提出しなければならないことになっているが、これはあくまでも原則である。たとえ生まれたてのNPO法人であっても、内容がしっかりしていればいきなり指定を受けることも可能である。

ちなみに、県だけでなく市町村も「指定」の権利を持っているため、仮に県と市（町村）の両方の指定を受けることができれば、個人寄付でも県民税、市民税、両方で優遇されることになる。

神奈川方式は全国に広まるのか？

一般的に、「NPO法人」がより税制優遇を得られる「認定NPO法人」になろうとすれば、自分たちが地域の人々に支えられているということを実証するために、多額の寄付を集めねばならない。

しかし、寄付文化の根付いていない日本では、これがなかなか難しい。

そこで神奈川県では寄付に関わるPST基準の代わりに、寄付が少なくても「認定NPO法人」へと進むことを可能にしようと、他に先駆けて「県指定NPO法人制度」をスタートさせたのだが、この神奈川方式が全国的に広がる可能性はあるのだろうか？

他の自治体は神奈川県に取材に来て、「神奈川の飛びぬけているところ」を消し、PST方式の寄付金基準を単純に緩和するなど、安易な条例を作成しようという動きがある。

最初に手を上げた三重県では、PSTの寄付金基準を緩和したという側面もみられるが、ボランティア総数などを新基準に組み込んで、2013年10月から制度の運用が始まっている。

愛知県もNPOに理解を示す関係者が多い自治体なので、私は興味を持って話を聞きに出向いてみたが、

「私たちは指定NPO法人を急いで作るつもりはない」

というのが結論だった。判断を誤るとリスクを背負わねばならない制度なので、行政側としては「他県の出方をみる」というスタンスのようだ。

東京都はさらに消極的なようだ。

現在の法律では、NPO法人を設立しようとすれば、所轄庁（東京でいえば東京都）の「認

神奈川県指定NPO法人の申出から指定までの手続き

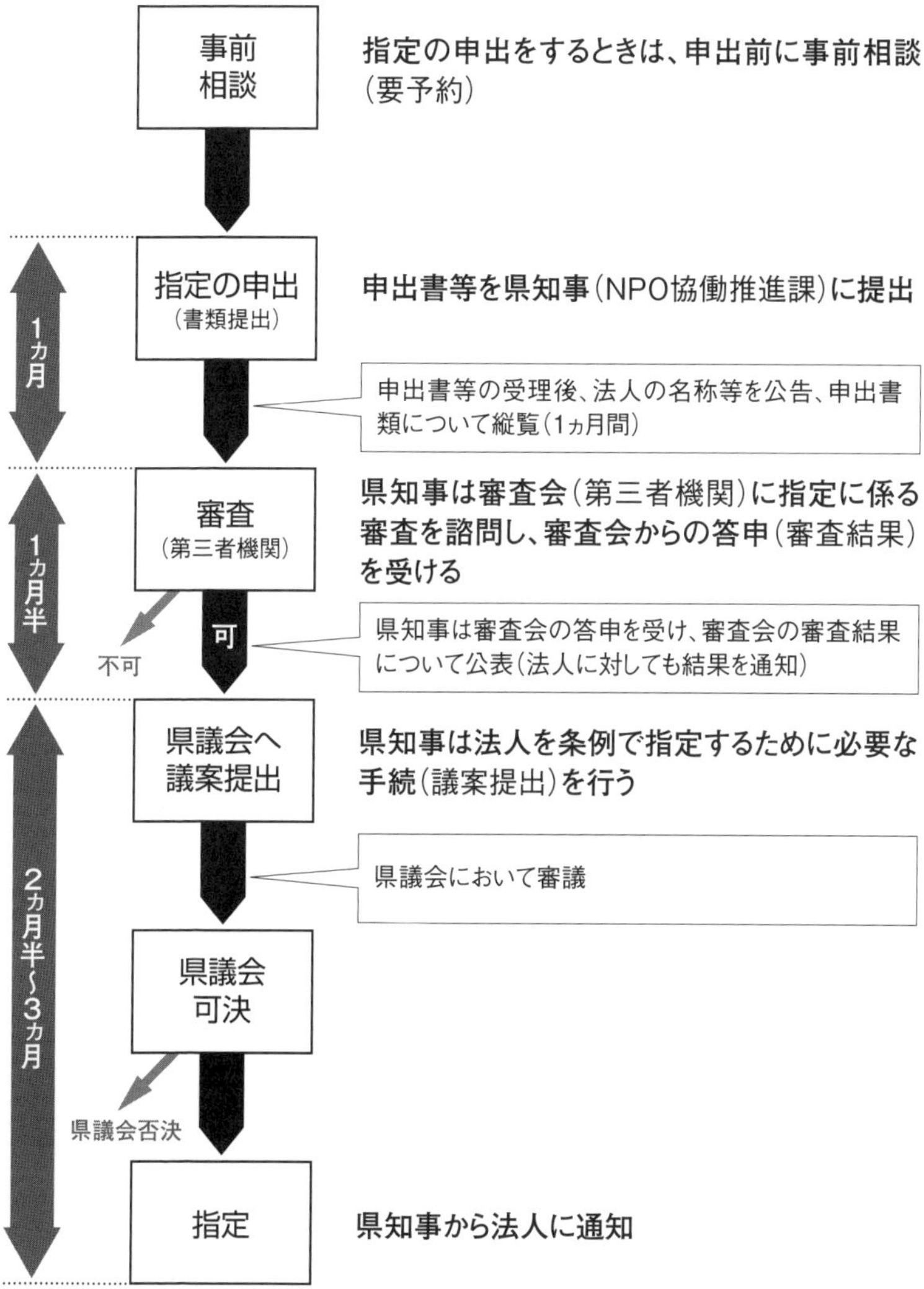
事前相談
指定の申出をするときは、申出前に事前相談（要予約）
1ヵ月
指定の申出（書類提出）
申出書等を県知事（NPO協働推進課）に提出
申出書等の受理後、法人の名称等を公告、申出書類について縦覧（1ヵ月間）
1ヵ月半
審査（第三者機関）
県知事は審査会（第三者機関）に指定に係る審査を諮問し、審査会からの答申（審査結果）を受ける
可
不可
県知事は審査会の答申を受け、審査会の審査結果について公表（法人に対しても結果を通知）
2ヵ月半〜3ヵ月
県議会へ議案提出
県知事は法人を条例で指定するために必要な手続（議案提出）を行う
県議会において審議
県議会可決
県議会否決
指定
県知事から法人に通知

証」を受ければいいということになっている。繰り返し述べているように、認証とは、設立の手続きや申請書類などに不備がなく、法令に定められた要件を満たしていれば、所轄庁が関与することなく必ず設立を認めるという制度のはずだ。

ところが東京都は「認証」の段階で細かくヒアリングしてくる。東京都は指定や認定どころか、NPO法人の「認証」さえ受けにくいという話も聞く。

とくに、政策提言や啓蒙活動に関連する団体がNPO法人の認証を受けようとすると、本来は内容にかかわってはいけないにもかかわらず、活動内容をこと細かく聞いてくる。認定NPOはもちろん、指定NPOもあまり積極的ではないようだ。

東京都は、世間を震撼させる事件を起こしたオウム真理教の宗教法人としての認証を取り消すことの困難さを経験した。

こうしたオウムの弊害によってNPOにマイナスの力が働いているのではないかとも考えられる。

当分の間、飛びぬけた「神奈川方式」は神奈川県独自の制度であると考えた方がいいだろう。

認定NPO法人と仮認定NPO法人は、ここが違う!

これまでの流れを整理してみよう。

1998年の「NPO法」に続き、2001年10月に施行されたのが「認定NPO法」だ。これは、市民や企業からの寄付を促すことにより、NPO法人の活動を支援しようという法律であり、認定NPO法人になると、その法人に寄付した市民や企業が税制上優遇されることになる。

個人の寄付を例にとれば、NPO法人になっただけでは、その人の所得から一銭も控除されなかった。しかし認定NPO法人では、個人の寄付金に対する控除が認められている。

寄付金は所得の30%までが限度と定められているため、仮にその寄付者が年間所得1000万円を計上した人であれば、30%にあたる300万円から1万円を差し引いた額、つまり299万円までが所得から控除できることになる。

法人が寄付した場合には、一般寄付金の損金算入限度額とは別に、特別損金算入限度額の範囲内で、損金算入が認められることになった。

また、認定ＮＰＯ法人側にもメリットがある。

自分たちの収益事業で得た所得の20％までは、本来、事業に支出すれば寄付金とみなされ、損金に計上できるのである。


しかしこの認定ＮＰＯ制度は取得のハードルが非常に高く、とくにネックとなったのが認定要件のトップにランクされるＰＳＴ（パブリックサポートテスト）のクリアだった。

住民の共感を得て、支持されているかを示すための指標として、「認定を受ける団体の総収入のうち、寄付金の占める割合が20％以上」の条件が課せられていたのである。

多くのＮＰＯ法人にとって、20％というのは絶望的な数値である。

そこで、東北大震災の翌年の２０１２年４月に改訂されてスタートしたのが「新ＮＰＯ法」だった。

ここではＰＳＴをクリアする条件として、「年３０００円以上の寄付者が１００人以上」という項目が加わり、どちらかを選択することができるようになった。

それでもＰＳＴのクリアは難しいという団体のために設けられたのが「仮認証制度」である。

前述したようにＰＳＴをクリアしなくても仮認証が受けられて、認定と同様の税制優遇が受けられるという制度だ。

さらに一歩先をいくのが、神奈川県の「県指定ＮＰＯ法人制度」。ここでは１００人の署名を集めることができれば「指定ＮＰＯ法人」となり、ほぼ自動的に認定ＮＰＯ法人に昇格することができる。

神奈川に本拠を置くＮＰＯ法人でなくても、県内での活動実績があれば、指定は受けられることになっているので、積極的に活用すべきだろう。

第2章

一般企業に勝てるNPO法人

NPOと一般企業は、どこが違うのか？

NPOとは、英語の「Non-Profit Organization」の頭文字をとったものであり、日本語では「民間非営利組織」と訳されている。

1998年の「NPO法」の施行以降、NPO法人の設立が容易になり、現在、全国のNPO法人の数はおよそ5万ほどを数える。NPOに対する社会の期待は着実にふくらみつつあるが、その捉え方にはまだまだ個人差があるようだ。

学生たちの中には、NPOをベンチャー企業の一種だとみなし、在学中からNPO法人を立ち上げる者がいる。NPOをきっかけにビジネス社会に打って出たいという機運が高まっているのだ。その一方で、いまだに、

「NPOはボランティアである。スタッフは無償で働かなくてはならない」

という考え方に捉われている学生も少なくない。

では、NPOと一般企業はどこが違うのか？

企業を会社組織だと捉えるのであれば、ＮＰＯ法人も同じく会社組織である。

そして、ＮＰＯスタッフも「社員」と呼ばれる。

大きな違いは、一般企業が営利団体であるのに対し、ＮＰＯは非営利団体だという点に尽きる。つまり、一般企業は収益を上げることがその存在理由だが、ＮＰＯは収益をあげることを目的としてはいないということ。だからこそ一般企業と一線を画しているのである。

しかし現実には、ＮＰＯの多くはしっかりと収益を上げている。収益をあげているからこそ活動を維持できているという見方もできる。

ＮＰＯ法人を設立するためには、設立の使命、いわゆる「ミッション」が求められる。そのミッションを追求することこそＮＰＯの存在理由だが、活動を持続させるためには資金が欠かせない。資金を得るためには、寄付に頼るか、事業を行って利益を生み、それを活動資金に回すしかない。

しかし、日本には寄付文化が定着していない。

となれば、自らの事業によってお金を稼ぐしかない。その点は一般企業と同じである。

違いは、その収益の使いみちにある。

一般企業は、儲かったお金をいかようにも使うことができる。株主に配当しようが、自分たちの賞与に充てようが、あるいは設備投資に回しても、企業に内部留保しても、配分は自由である。

一方のNPOは、NPO法（特定非営利活動法）によって、儲かったお金を自分たちのために使ってはならないと、定められている。「自分たちで使ってしまったなら、企業と同じですよ」と規制されているわけだ。

儲かったお金は自分たちのために使うのではなく、あくまでもミッションの追求のために使うのがNPOである。

NPO＝ボランティア＝無償の公式は成り立つのか？

NPOと聞けば「ボランティア」、ボランティアと聞けば「無償」と連想をつなげる人も多いと思う。

ここで、そのボランティアの中身を改めて考えてみる必要がある。

はたして、ボランティアの活動には対価が生じてはならないのか？　対価が生じたなら、ボランティアとは呼べないのか？

答えは「ノー！」である。

現在、ＮＰＯの拡充を妨げている要因の一つに「ＮＰＯ＝ボランティア」という思い込みが働いているのではないかと考えられる。そしてボランティアとは無償で働き続けることであり、だからこそボランティア精神が賞賛されるのだと、多くの日本人は刷り込まれている。

しかし元来、ボランティアとは、「正当な対価を十分に得ないで活動する」ことに意義があるのだ。

とくに１９８０年代以降は、無償の範囲をより柔軟に考えることにより、実費の受け取りや一定の謝礼を「有償ボランティア」がいただくという考え方が一般化し、広く受け入れられているというのが世界の潮流である。

だいいち、欧米で見かけるような大金持ちの慈善家ならともかく、一般の市民がいつまでも無償で働き続けることができるわけがない。

たとえば、最低賃金水準が時給８００円だと仮定して、ボランティアの志を持った人が時給５００円で労働することに決めたとする。その場合、差額の３００円をボランティアだとみなせばいいわけだ。この考え方は「最低賃金法」に抵触するという議論もあるが、杓子定規《しゃくしじょうぎ》に法律を適用する必要性はないと私は思う。

経済的に余裕があるのならもちろん「無償ボランティア」もあり得る。しかし相手に対して水準よりも安くサービスを提供する「有償ボランティア」もあり得ると考えれば、ボランティアという言葉の解釈の幅がグンと広がるはずだ。

実際、ボランティアの人々に対して、実費以外に一定の報酬を支払っているNPO法人は日本でも数多く見られる。一般企業の報酬に比較すると割安ではあっても、報酬を受け取ることにより社会貢献の意識に拍車がかかるものだ。

役員の3分の2が無給で働かなくてはならないNPO

NPO法人の役員や社員の多くも、当然「有償」で働いている。

NPO法によると、「NPO法人には10人以上の社員と3人以上の理事、一人以上の監事（NPO法人の監査役）がいなければならない」という規約がある。監事を含めると最低4人の役員が必要なわけで、しかも「役員のうち3分の2までが無給で働かなくてはならない」と定められている。仮に10人の役員がいたら、7人までは無給で働かなくてはならないとされているわけだ。

見方によれば、「NPOの経営陣は、お金を自分たちだけで配分してはいけない」と釘を刺されているようなもので、これは営利企業との大きな違いだろう。

ということは、

「10人のうち、7人が無給？」

「じゃあ、NPO法人の理事になったりしたら、ほとんどの人が無給で働かなくてはならないじゃないか」

と考えがちだが、実際には理事長も理事も役員報酬ではなくNPOイベントへの従事に対する対価を受け取っていることはある。

無給の理事であっても、なんらかの仕事、たとえば営業、企画、経理などの仕事をしていれば、NPO法人の理事と社員を兼務しているとみなされ、役員としての報酬はゼロだが、社員としての給与は支給されるのだ（ただし監事だけはNPO法人の役員と兼務することはできないので、監事に人件費を支払いたければ、役員報酬を設定し、毎月一定額を支給していくことになる)。

仮に理事長1名、副理事長1名、理事1名、監事1名という役員総数4名のNPO法人があり、全員がNPO法人のたとえばコンサルタント事業に講師として従事していて、対価をいただきたいならば、理事長・副理事長・理事にはともに給料を支給できるし、監事にも「役員報酬」の名目で支給できるのである。

理事以外のスタッフは、もちろん給料をいただいていい。そのお金で家族の暮らしを支えているのである。

おわかりのように、結果的にNPOは一般企業と大幅な違いはないわけだ。

NPOが一般企業に勝てる理由

大きな相違点といえばやはり設立の志(ミッション)である。

一般企業は、志を忘れても文句は言われないが（ただし今は営利企業でもCSR、すなわち社会的責任が叫ばれる時代になった）、NPOは、志はしっかり持ち続けていなければならない。建前上は、理事の3分の2は無給という規約を設けているのも、あえて無給で参画する役員を置くことにより、その志の部分をチェックしたいという理念からだ。

もちろん、きちんとしたNPO法人の中には、ミッションに共感した〝うるさ方〟が「無給理事」として加わり、常に志の部分を厳密にチェックしているところもある。

NPOも一般企業と同じように交際費や必要経費が認められる。帳簿上は資産を計上し、減価償却もするし、収益を設備投資に使ってもいい。また、儲かったお金に対しては、中小企業並みに22％課税される。単なるNPO法人だけだと、税制上の優遇措置はないのである。

おわかりのように、ほとんどの経営形態は一般企業と同じだが、最後の利益が出た分の配当だけが違う。

NPOには株主配当などない。また、利益が出たなら自分たちのために使うのではなく、もう一度、自分たちの非営利の活動のために使わなくてはならない。そこが大きな相違点である。

一般企業であっても、本来は外部取締役をたくさん入れて、社会的責任を含めた経営姿勢全般を見渡すべきだが、残念ながら、今の会社法上ではそれを義務付けていない。

中には、「そんな規制があるのなら、ＮＰＯではなく一般企業として活動すればいいのではないか」という疑問を覚える方もいるかと思う。

その回答は以下の通りだ。

「民間企業よりも安価でミッションに従ったサービスを提供することこそ、ＮＰＯの役割である。ＮＰＯにこだわるのは、なによりもこのミッションという志にある」

ミッションに従ったサービスを提供する。しかも民間企業よりも安価に提供することができれば、同じ質のサービスであれば、ＮＰＯに軍配が上がる。同じ土俵で戦っても、ＮＰＯが民間企業に勝てる可能性が出てくるのだ。

それになにより、一般企業とＮＰＯ法人では社会的印象が違う。

中にはＮＰＯを隠《かく》れ蓑《みの》にして違法な行為をする団体もあるが、やはり「ＮＰＯ」の肩書は団体に信頼と安心感を与えるところがある。本来、信用や信頼は時間をかけて築いていくものだが、ＮＰＯ法人の場合は設立当初から信用・信頼という恩恵に浴することができる。

NPOが一般企業より価格面で優位に立てる戦略

NPOが一般企業と同じ土俵上で事業を展開し、なおかつ一般企業に勝つためにはどうすればいいのか？

その経営術を具体的に考えてみよう。

福祉関連の事業を展開しているA社が、あるサービスを「1万円」で提供しているとする。

この1万円という料金は、A社（サービスを供給する側）にしてみれば、あらゆる経費と収益とを考え合わせて設定したものであり、需要側（サービスを買う側）がそれを妥当だと考えれば料金は均衡し、1万円という商品の価値が決定する。

この1万円のうち、諸経費が8000円かかっていると仮定するなら、A社の粗利《あらり》は2000円である。つまりA社は1万円のサービスを提供することにより、2000円の粗利を上げているわけだ。

このマーケットに、新たにNPO法人Bが参入したと仮定する。NPO法人Bが、A社と同じ土俵上で勝負を挑んだのである。

ＮＰＯ法人であるＢがＡと同じ質のサービスを提供しようとすれば、どうしてもＡ社と同じく８０００円というコストがかかってしまう。しかし、Ｂ社が提供するサービスというのは、いわば「ミッション」である。ミッションである限り、Ａ社よりもかなり安価な価格でサービスを行いたい。

そこで、Ａ社と同様のサービスを７０００円で供給することにした。

Ａ社がサービスを１万円で販売しているのに対し、Ｂは同様のサービスを７０００円で販売。同じサービス内容なのに３０００円もの差があるのであれば、消費者の目はどうしてもより安価なＮＰＯ法人Ｂの方を向く。それがマーケットメカニズムというものだ。

ただし、このサービスを生むためには８０００円のコストがかかっている。

７０００円－８０００円で、差し引き１０００円の赤字である。しかも、ある程度の粗利を上げないと、ＮＰＯ法人Ｂとしては、その後の活動が維持できない。

そこでどうしたか？

ここで登場する切り札が、行政側からの補助金、財団からの助成金、そして有志から得た寄付金である。

ＮＰＯ法人Ｂは、８０００円かかるコストのうち、赤字分の１０００円を補助金・助成金でカバーし、消費者から得た7000円と合わせることにより、先行のA社と同じサービスの質を確保。そこに、有志から得た寄付金（1サービスで割って、平均1000円相当とする）を加えたのである。

A社は1万円のサービスを提供して、2000円の粗利をあげていた。

そこに参入した「NPO法人B」は同様のサービスを7000円で販売したにもかかわらず、1000円の粗利をあげている。

計算式は以下の通りだ。

（料金7000円＋補助金・助成金1000円＋寄付金1000円＝9000円）

ここからコスト（8000円）を差し引いた残りの1000円（粗利）を次の活動資金に回すのである。

こうした経営術で勝負すれば、NPOは一般企業と同様のマーケットにおいて、価格面で優位に立つことができるはずだ。

一般企業と変わらないNPOの法人税

いかに崇高なミッションを掲げているNPOであっても、それだけでは「会費」や「寄付金」が集まるものではないから、一方ではさまざまな事業を行って収益を上げながら、本来のミッションをまっとうしなければならない。

ただし、NPO法人であっても、「収益事業」で利益が計上されたなら法人税（事業税＋法人住民税）がかかる。この点ではNPOだろうと一般企業だろうとまったく差はない。

現行の税法上、「収益事業」とみなされるのは物品販売業、製造業、物品貸付業、飲食店業、出版業など全部で33種類だ。NPOの総収入のうち、法人税の対象となるのはこの33種類の収益事業から得た所得だけであり、「会費」や「寄付」から得た所得は法人税の対象とはならない。

たとえば、あるNPO法人が公益的な性格を帯びたセミナーを開催し、参加者から「会費」を募って運営費をまかなったとしても、その会費は法人税の対象とはならない。ところが、セミナー会場で、そのセミナーに関するTシャツや書籍、映像ソフトなどを販売して収入を得たなら、これは物品販売業という「収益事業」で収益をあげたとみなされ、法人税の対象になるわけだ。

その法人税率は、現行では30％（年間所得が８００万円以下は22％）で、一般企業と同様だ。その他にも「法人住民税」と「法人事業税」という地方税もかかってくる。

収益事業で年間１０００万円の所得（総売上げから人件費などすべての経費を差し引いた金額）を計上したとすると、国税（法人税）と地方税を合わせると、約４５５万円もの税金がかかってくるというのが実情だ。

裏を返せば、こと収益事業に関しては、税制の面からもＮＰＯは一般企業と対等の立場にあるとみなされていることになる。

それはとりもなおさず、ＮＰＯは一般企業と互角に張り合い、収益をあげなければならないということ。そのためには、一般企業から優秀な営業マン、企画マン、広告マンなどが参入することが望まれる。本来は団塊世代のリタイア組にその役割を期待したいところだ。

協働する企業を立ち上げるＮＰＯ法人

ＮＰＯと一般企業との「協働」というスタイルも考えられる。

協働している複数の企業に収益事業をまかせ、自分たちは本来のミッションを追求していけるような仕組みを作る。つまりＮＰＯがその存続のために企業を利用するという考え方だ。

たとえば、シニア層を対象に、経済学者や大学教授、経営コンサルタントやシンクタンクの有識者などを招き、金融・経済・経営情報、政治・国際情勢、あるいは歴史・文化情報を提供する講演会やセミナー（勉強会）を開催するＮＰＯ法人Ｆを立ち上げるとする。

講演会やセミナーの参加者からは当然参加料をいただき、それで会場費や講師へのギャランティを支払うことになる。

この種のイベントの参加者は裕福な層が多いこともあり、参加料を数万円とすることもある。講師たちの中には１００万円程度のギャランティを要求する著名人もいる。

仮にイベントの主催がＦ単独で、会員の参加料金がそのままこのＮＰＯの収入になるとしたら、税法上は33種類の収益事業の一つとみなされ、収益金はそのまま課税対象になってしまう。ところが、ある工夫をほどこすことにより、Ｆは相当額の法人税を削減することができるのである。

具体的には、Ｆの理事たちが中心となり、イベント会社であるＧを立ち上げる。Ｇはもちろん一般企業であり、ＮＰＯ法人Ｆの理事長が、一般企業Ｇの代表取締役を兼任する。その上で、講演会やセミナーで得た事業収入は、すべて一般企業Ｇが吸い上げ、そこで計上された利益から、かなりの部分をＮＰＯ法人であるＦに寄付をする。この手法を用いれば、ＮＰＯを存続できるだけでなく、協業する一般企業Ｇも法人税を相当削減することができるはずだ。

Ｇの株主総会で「当社は株主配当を行わない」と決定すれば、Ｇの株主たちは本来なら得ることができる配当金を、ＮＰＯ法人Ｆに寄付したとみなすことができよう。

理事長と代表取締役は兼任だから、理念の共有も不自然なことではない。

さらに、イベントを広く告知したり、その内容をソフト化して販売するための一般企業Ｈを登記して、Ｆ、Ｇ、Ｈが協働しながら緊密な関係を保っていくということも可能だろう。

このような仕組みを作れば、ＮＰＯ法人Ｆは帳簿上、常にクリーンな財務状況となり、「認定NPO」の資格も取りやすくなるはずだ。

認定NPO法人に対する税制優遇

ここで改めて、「認定NPO」の税制面の優遇措置について言及しておこう。

37ページに紹介したように、認定NPO法人には9つの要件が定められていて、その認定基準をすべてクリアし、「運営組織及び事業活動が適正であって、公益の増進に資する」法人であることが確認されて、はじめて認定NPOになることができる。

認定NPO法人になるメリットは以下の通りだ。

◆認定NPO法人になるメリット

認定NPO法人になるメリット

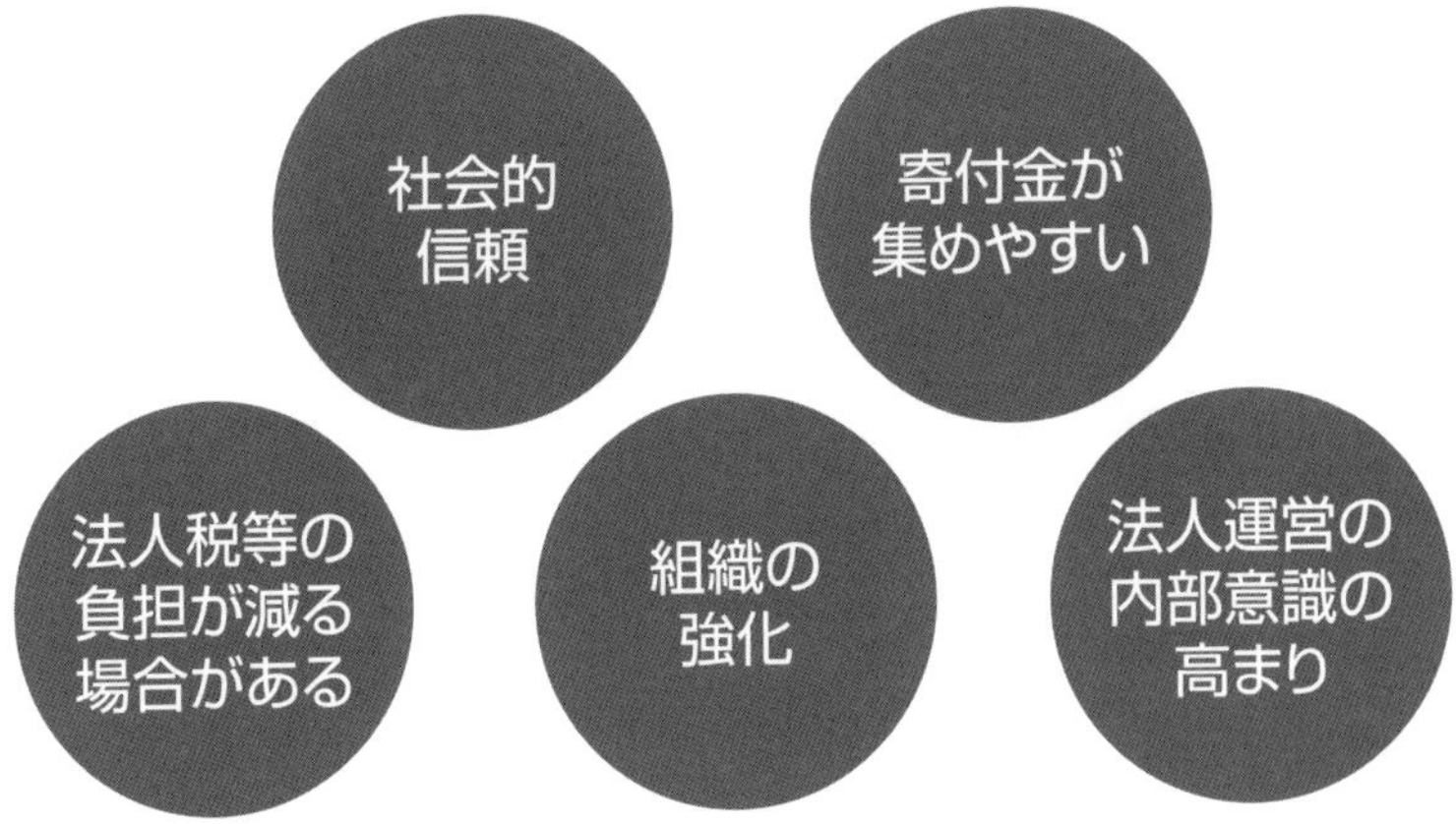
社会的信頼
寄付金が集めやすい
法人税等の負担が減る場合がある
組織の強化
法人運営の内部意識の高まり

1 社会的信頼が増す

「認定ＮＰＯ法人」は、高い公益認定の基準に適合しなければならないことから、社会的信頼が増す。

2 寄付金を集めやすくなる

「認定ＮＰＯ法人」になることの一番大きなメリットは、寄付金に関する税の優遇措置があることだ。

寄付した個人に対しては、所得税と住民税に関して寄付金控除があるし、相続人が相続財産を寄付した場合も、その寄付した財産については相続税が非課税となる。

また、企業などが寄付する場合も、損金算入限度額の枠が拡大されるので、寄付がしやすくなる。

3 法人税等の負担が減る場合がある

「認定ＮＰＯ法人」になれば、「みなし寄付金制度」という制度を活用することができる。これは、収益事業から得た利益で非収益事業の支出に充てた部分を寄付金とみなし、一定の範囲で損金算入できるという制度だ。その分、納税すべき額を減らすことが出来る。

4 組織を強化することができる

「認定ＮＰＯ法人」になるためには、法令などを順守し、適正な運営組織でなければならない。経理なども適正に処理し、情報開示も徹底して行わなければならないことから、法人の基盤強化を図ることができる。

認定された後も、認定基準を維持し続けなければならないので、法令などを順守した適正な組織として法人を強化することができる。

5 役員やスタッフの法人運営に対する意識が高まる

「認定ＮＰＯ法人」になると、上記のような適正な運営組織を維持し続けなけらばならないため、役員やスタッフが認定ＮＰＯ法人としての社会的責任を認識することにもつながり、法人運営に対する内部の意識が高まる。

◆「認定NPO法人」の税制優遇

1　寄付をした個人に対する優遇制度

個人が「認定NPO法人」に寄付した場合、国税である所得税（納付先は税務署）と地方税である住民税（納付先は都道府県や市町村）が減額される。

〈所得税〉

所得税の場合、寄付をした個人が、「認定NPO法人」が発行した寄付金の領収書を添付して、税務署に確定申告をすれば、所得税の還付を受けられる。

確定申告の方法には、「所得控除方式」と「税額控除方式」の2つがあり、どちらか有利な方を選択して申告すればいいことになっている。

税率が高くて、寄付金額がよほど高額である場合を除くと、「税額控除方式」を選択した方が控除される額が大きくなるケースがほとんどだ。

ちなみに「税額控除方式」の計算式は、次の通りだ。

認定NPO法人へ寄付した場合の所得税額の比較

A氏　年間給与収入 8,580,000円、社会保険料など 1,142,000円、扶養家族なし

所得税の納付金額

寄付無し

［年間給与収入 8,580,000円 － 社会保険料基礎控除など 1,142,000円］（あ） × 所得税率 ＝ 572,500円

認定NPO法人へ10万円寄付した場合

■ 所得控除方式

［あ － 寄付金 100,000円］ × 所得税率 ＝ 552,900円

■ 税額控除方式

あ × 所得税率 － 寄付特別控除［（100,000円−2,000円）×0.4］ ＝ 533,300円

『納税額＝課税所得｛所得金額－所得控除（医療費控除等）｝×税率（5～40％）－**寄付金特別控除（「寄付額－2000円」の40％）**』

〈住民税〉

住民税は都道府県や市町村に納める地方税で、「都道府県民税」と「市町村民税」（東京都は特別区民税）から成り立っている。都道府県民税の税率は4％、市町村民税の税率は6％。合計すると10％だ。

都道府県、市町村が寄付金控除の対象となる条例を定めていれば、住民税が控除される。都道府県が条例で指定していれば4％が、市町村が条例で指定していれば6％が、都道府県と市町村の両方が指定していれば10％が控除される。

住民税の寄付金控除には「税額控除方式」しかなく、算式は以下の通りだ。

『住民税の寄付金控除額＝（寄付金－2000円）×（最大2％）』

ただし、算式中の「寄付金」は、総所得金額の30％が上限である。

2　寄付をした法人に対する優遇措置

法人が「認定ＮＰＯ法人」に寄付をした場合、一般寄付金の損金算入限度額とは別に、「特別損金算入限度額」が設けられ、その範囲内で損金算入が認められる。

法人税額は、売り上げから必要経費などを差し引いて課税されるが、損金算入が認められるというのは、必要経費として含めてもいいということだ。

法人税法では、寄付金一つ一つについて事業に関連性があるかどうかを確認することが困難なため、一定の限度を設け、「その範囲内であれば寄付金を損金として扱っていい。それを超えると損金とは認めない」という方法がとられている。

認定ＮＰＯ法人への寄付に関しては、一般のＮＰＯ法人に寄付する場合と比べて、この損金算入の限度額が大きくなる。つまり、一般のＮＰＯ法人に寄付した場合は損金（経費）として扱うことが出来なかった金額が、「認定ＮＰＯ法人」へ寄付すれば損金として扱うことができる可能性があるということだ。

〈損金算入限度額〉

損金算入限度額（認定NPO法人に寄付する場合は、「特別損金算入限度額」という）は、その法人の期末の資本金などの額によって変わるが、基本的には以下の計算法を用いる。

◆一般のNPO法人に寄付する場合

（期末資本金等の額×当期の月数／12×0・25％＋所得金額×2・5％）×$\frac{1}{4}$

◆認定NPO法人に寄付する場合

（期末資本金等の額×当期の月数／12×0・375％＋所得金額×6・25％）×$\frac{1}{2}$

※具体例①

A法人【期末資本金等の額1000万円　所得金額100万円】の場合

・一般の損金算入限度額→1万2500円

・特別損金算入限度額↓5万円
・A法人の損金算入限度額↓1万2500円+5万円=6万2500円

※具体例②

B法人【期末資本金等の額2億円　所得金額3000万円】の場合
・一般の損金算入限度額↓31万2500円
・特別損金算入限度額↓131万2500円
・B法人の損金算入限度額↓31万2500円+131万2500円=
162万5000円

3　寄付をした相続財産に対する優遇措置

相続財産を「認定NPO法人」に寄付した場合、その寄付金は相続税の課税対象から除外され、非課税となる。

相続や遺言による財産−認定NPO法人への寄付金=課税対象の財産

たとえば1億円を相続すると、通常であれば1億円に対して相続税がかかるが、そのうちの3000万円を「認定NPO法人」に寄付した場合、1億円から3000万円を引いた7000万円を対象に相続税の計算がなされることになる。

4 認定NPO法人自身に対する優遇措置（みなし寄付金制度）

NPO法人は法人税法に定められた収益事業を行った場合は、法人税が課せられるが、「認定NPO法人」が収益事業から得た利益を、収益事業以外の特定非営利活動に関する事業で支出した場合、その分を寄付金とみなして、一定の範囲内で損金算入が認められる。これを「みなし寄付金」という。

ただし損金にできる金額の限度は、所得金額の50％、または200万円のいずれか大きい金額までとなっている。

なお、「仮認定NPO法人」には、この「みなし寄付金制度」は認められていない。その他、「寄付をした相続財産に対する優遇措置」も仮認定NPO法人には認められていない。

第3章

普通の市民が国や地域を越えて支え合う「民際協力」のWE21ジャパン

フィリピンからのフェアトレード品にラベル貼り作業をするボランティアスタッフ（横浜事務局内）

WE21ジャパン
事務局長 贄川恭子さん

NPO法人 WE21ジャパン

設立日	1998年2月
代表者	理事長・藤井あや子
主な事業内容	環境破壊・貧困の解決に向けて、考え・行動する市民をひろげていくため、リユース・リサイクル、民際協力、共有・政策提言を柱に活動
事務所	横浜市神奈川区栄町11-5　栄町第2ビル3階
HP	http://www.we21japan.org

海外からビジネスモデルを持ってきて独自の展開をはかるNPO

いま日本には5万を超えるNPO法人があり、大きく、海外からビジネスモデルを持ってきて独自の展開をはかっているNPOと、日本オリジナルのタイプとに分けられる。

ここで紹介する「WE《ウィ》21ジャパン」や「日本グラウンドワーク協会」のビジネスモデルはイギリスにあるが、日本で活動を展開するにあたり、トップダウンの組織体制ではなく、その活動をしっかりと市民活動に落とし込んでいるのが特徴で、「ネットワーク型」とでも呼ぶべきだろう。

イギリスの「オックスファム」をモデルにした神奈川の「WE21ジャパン」

神奈川で生まれ、神奈川を中心に活動しているNPO法人「WE21ジャパン」のミッションは、

『私たちは地球規模で起きている資源の奪い合いや環境破壊・貧困をなくし、環境や人権について考え、行動する市民を地域に拡げます。そして次世代へ希望ある市民社会をつなぐために、一人ひとりが身近にできることから実践します』

というもので、具体的には以下のような活動を行っている。

◆リユース・リサイクル環境事業

リユース・リサイクルショップの「WEショップ」を中心に、市民から寄付を受けた新品・中古の衣類や雑貨を、ボランティアが中心となって販売している。また、企業と連携して、古繊維、ガラス・陶磁器のリサイクルを進めている。

◆民際協力

その「WEショップ」で得た収益や寄付金、募金などをもとに、アジアを中心とした世界約30ヵ国で暮らす人々への支援をしている。

現地を訪問したり、現地で活動する人々を日本に招いて、お互いの思い、知識、技術、情報を交換し、ともに学びあう場をつくる。

また、現地の生産者にとって公正な価格で物品を購入し、販売するフェアトレードにも取り組んでいる。

こうした活動を「WE21ジャパン」では「民際協力」と呼んでいる。一般の市民が国や地域を越えて支えあうという意味だ。

活動の中心となっているのは、リユース・リサイクルショップ「WEショップ」で、現在、神奈川県内に55店舗あり、東京にも2店舗ある。

ショップを運営している「WE21ジャパン」地域NPOが計36団体（地域NPOもNPO法人格を取得）。それらのとりまとめを行っているのが、特定非営利活動法人（NPO法人）の「WE21ジャパン」である。このあたりの組織形態はちょっと複雑だが、神奈川の各地に存在する

36の地域NPOがショップの取りまとめ役をしていて、それらの本部の機能を果たすNPO法人とが協働しているわけだ。

この「WE21ジャパン」のモデルとなったのが、イギリスに本拠を置き、世界92ヵ国で活動する国際的なNGO団体「オックスファム（Oxfam）」である。


ここで、NPOとNGOの違いについて触れておきたいが、結論からいえば、どちらも「非営利」「非政府」であり、両者は同じである。

現在、アメリカにはNPOが多く、イギリスではNGOが中心となってきている。


オックスファムの活動の始まりは1942年、つまり第二次世界大戦中に、英国・オックスフォード市民がギリシア市民に食料や古着を送ったのがきっかけだった。大戦後はヨーロッパの戦後復興や植民地独立による難民支援、自然災害に対する緊急支援を行った。

1961年の海外事務所の設立を機に、「現地人の生活の自立、自給のための援助」を目指し、新たに活動をスタート。世界各地で新しくオックスファムが設立され、1995年には世界規模の視点を持つオックスファム・インターナショナルが設立された。

オックスファムの活動は、発展途上の国で作られているさまざまな小物を買い上げて、本国・

イギリスで販売し、その収益金を「支援金」という形で発展途上国に流すという形をとっていたが、やがて規模が拡大するとともに、環境に良いと思われる小物類を自分たちの手で作り、それを販売して得た収益をプラスして途上国に流すという展開をはかっている。

世界各地に店舗（オックスファム・ショップ）を持っていて、日本でも、２０１２年３月１日に東京・吉祥寺に常設の第１号店として『オックスファム・ショップ　コピス吉祥寺』がオープンし、市民が寄付した生活雑貨や、コーヒー、チョコレートなどのフェアトレード商品を販売している。

続いて２０１３年11月１日には福岡県久留米市に第２号店がオープンした。

「ＷＥ21ジャパン」の創設メンバーは１９９６年にイギリスの「オックスファム」を訪問して、現在の「ＷＥショップ」のモデルとなる活動を視察。イギリスの伝統的な寄付文化や成熟した市民意識のありように共感して、「自分たちの地元にもこんな店舗があったなら、地域が変わるのではないか」という思いで、１９９８年４月に第１号店の「ＷＥショップ厚木」のオープンにこぎつけた。続いて６月には第２号店の「ＷＥショップいずみ」を開設した。

「自分たちもやってみよう！」立ち上げの中心は地元の主婦グループだった！

「WEショップ」は、1998年に第1号店がスタートして以来、現在では50数店舗という規模にまで拡大したが、その背景には、神奈川には社会的問題に関心を示す女性たちが比較的多いという地域的特性がある。

現在、「WE21ジャパン」の事務局長をつとめている贄川恭子さん（元高校教師）も、その地域性を次のように語る。

「短期間に50店舗以上にまで拡大していった背景には、たとえば『生活クラブ生協』や『ワーカーズ・コレクティブ、神奈川ネットワーク運動』など、さまざまな社会運動に対して関心を示し、活動していた女性たちがいたという要因があげられると思います」

生活クラブ生協とは、日本に約600ある生協の中の一つのグループで、とくに「環境問題」や「食の問題」に強い関心を示し、たとえば素材の素性が確かなものを共同購入する、あるいは食品添加物の使用を排除するといった活動をしている団体だ。

１９８０年代には合成洗剤を追放し、石鹸の普及に努めるという「石鹸運動」を繰り広げたこともある。

「合成洗剤は川の水を汚すので、せめて学校給食だけでも石鹸を使いましょうという署名を集めて議会に提出するといった運動をしていたそうですが、実際に議会に上がってみると、そこにいるのはほとんどが男性議員で、合成洗剤と石鹸の違いさえもわからない。これではダメだということで、自分たちの代表を議員として送り込もうという〝代理人運動〟が、神奈川の生活クラブ生協のメンバーの女性の間で始まったそうです」（贄川さん）

現在は、この生活クラブ生協の社会運動は下火になってきているようだが、「ＷＥ21ジャパン」のコアのメンバーの中には、当時この石鹸運動を経験した主婦もいる。

同じくワーカーズ・コレクティブとは、消費者運動や市民運動の参加者などが共同出資して、自らも働き手となり、リサイクルショップや高齢者福祉、送迎サービス、子育て保育など、地域の住民が必要としているモノ、サービスを提供する市民参加型のグループで、いわば「ＷＥショップ」の先駆けのような存在だ。

通常の労働形態は雇用者と被雇用者という主従の関係にあるが、こちらは互いに雇い雇われるという関係ではなく、全員が出資し、事業主として分配も自分たちで決める。いわば、非営利・協働の自主管理型組織である。

「このワーカーズ・コレクティブは全国に広がっていますが、その総数の3分の1を実は神奈川県が占めているのです。環境問題や食に関する問題を普通に話し合える場が比較的多い。そういう基盤があるのが神奈川だと思います」（贄川さん）

そんな神奈川県に「神奈川ネットワーク運動（NET）」という名のローカルパーティーがある（1984年設立）。

市民・女性が中心となり、地域発の政治参加を目指す地域政党だが、「WE21」のモデルショップ第1号店として、WEショップ・厚木開設に向けて動いたのは、NETの一つである厚木ネットの女性たちだった。

厚木ネットの有志たちの決断で、「イギリスの『オックスファム・ショップ』をモデルとしたリサイクルショップを、厚木に開店しよう」とWE21ジャパン設立準備会を立ち上げたのである。

夢を実現するためには、なんといってもお金が必要だ。店舗の賃料、保証金、設備費などを含めると、当面、300万円の現金が必要だった。

その資金を出し合ったのは、地元の女性たちである。

「趣旨に賛同した地元の女性たちが、一人10万円ずつ出し合ったんです。うまくいくという保証はない。もし失敗したならそのお金はどぶに捨てたと思える覚悟を持って、出資したわけです」（贄川さん）

大げさにいえば、清水の舞台から飛び降りる覚悟を持って出資した女性もいるはずだが、WE21ジャパンの事例に限らず、NPOを立ち上げる、あるいは町おこしをするというときには、核となるべき血の熱い〝お祭り屋〟が必要である。それは男女を問わない。

晴れて300万円の資金が調達できて、店舗を借り受ける契約が成立してからの動きは素早かった。

契約したのが1998年の3月27日。その1ヵ月後の4月25日には、WEショップ第1号店をオープンさせたのである。

オープンチラシ、パンフレット作り、人の手配、そして寄付品集め

オープンまでの1ヵ月間は、まさに目が回るような忙しさだった。

まずは、ショップ内のおよそのレイアウトを決め、そのレイアウトに沿った備品調達をしなければならない。これは、電話帳で近隣のリサイクルショップをリサーチし、最初のリサイクル店で紹介された中古オフィス家具販売店（瀬谷区）で、間仕切りを含めて28万円余りで調達することができた。

続いてオープンチラシやパンフレット作り。そして肝心かなめの「寄付品」集め。

オープンチラシ約6000枚を配布して、地域の生活クラブ、ワーカーズ・コレクティブ、そして近所の知人、友人、親戚、親、兄弟とあらゆるところに連絡して品物の寄付を募った。

地元主婦のコネクションを最大限活用したわけだ。

古布は自宅に持ち帰り、しみ抜きや洗濯。メンバーの知人の一人がアメリカへ引っ越すという情報を得れば、そのお宅に出向き、あらゆる余り物を選別した上で袋に詰め、大型のライト

バンにぎゅうぎゅう詰めにしてショップまで運んだ。

ただし、ショップに置ける寄付品の量は限界がある。最終持ち込み先として、WE21の趣旨に賛同してくれた地元企業の倉庫を使用することができた。

こうして、1998年4月25日に、予定通りWEショップ第1号店が厚木市内にオープン。22坪の店舗で、初日の来店者数は80名。売上金は約10万円だった。

「自分たちもやってみよう！」

という思いを実現した女性たちの底力を感じさせられるが、その女性たちのパワーについて、贄川さんは次のように言う。

「WEショップの立ち上げ期に中心となって活動したのは、学校を卒業後、ある程度お勤めをした経験があって、結婚・出産後退職した女性たちです。中には海外の大学を卒業した方もいますし、税理士事務所で経理の仕事をしていた方もいる。美大を出ている人もいるし、企業で営業活動をしていた女性もいます。生協や地域政党で組織運営に関わった人たちもいた。それぞれのキャリア、専門性には素晴らしいものがあって、市民活動を押し進めていくときに大きな力になったと思います」

各地域には、過去に仕事をしていた女性たちのキャリアが眠っている。火付け役が登場し、そのキャリアを再び目覚めさせれば、大きな戦力になるということ。WE21ジャパンの事例でいけば、火付け役は「神奈川ネットワーク運動（ＮＥＴ）」の女性たち。最初に目覚めたのが元キャリアの女性たちである。

「同時に、軽視できないのが専業主婦と呼ばれる女性たちの役割です。子育てをする過程でＰＴＡ、子供会、自治会などの活動に携わりながら、多様な人たちと向き合ってきたわけですから、雑多な声を集めて、それに対応する能力が身についているんです。企業に勤めて身につけた専門性というのも素晴らしいけれど、専業主婦の、多様な人たちとコミュニケーションをはかる能力というのは、強力な武器になると思います」（贄川さん）

私は数多くの事例に接してきたが、ＮＰＯ活動をするとき、地域に根付いて暮らしている普通の主婦の能力には軽視できないものがあると実感している。

ＷＥショップの売れ筋商品は衣類、食器、着物、アクセサリー

ＷＥショップではどんな商品がよく売れるのだろうか？

贄川さんに売れ筋商品をうかがった。

「まずは衣類ですね。そして食器類。日本人は食器にこだわりがあり、四季折々で使い分けます」

ただし、売れ残った食器類は、それがガラスでも、陶磁器であってもリサイクルが難しいそうだ。

ガラスに関していえば、鉛の入っていない安価な製品は有料でガラス粉砕業者に渡し、ガラス品として再生できるが、クリスタルをはじめとした高級品は再生できないため、粉砕して路盤材にするしかない。

陶磁器はもっと使いようがない。

陶磁器を粉にして、一部はそれを原材料に混入し、「リ食器」として再生しているが、強度に難点があるので使用率は低い。多くは、粉砕して競馬場の馬場に使用するといった用途しかないそうだ。

「変わったところでは着物と絵画ですね。着物はリユースやリメークしますし、絵画はちょっと値段のつけようがないので、オークションをしたショップもあります。いくらなら買うと希望する値段を紙に書いてもらって、箱に入れる。その上で、一番高値を付けた人が落札したそうです」

さらにはバッグ類。そして、時計、貴金属、アクセサリー類。

「こんないいものを、こんな安い値段で！」

と、大喜びで購入していく客も多いそうで、リサイクル&リユース市場はなかなかに元気なようだ。

「WE21ジャパン」本部の機能と役割

1998年4月25日にWEショップ第1号店が厚木にオープンすると、「神奈川ネットワーク運動」の各地域ネットメンバーが、「私たちもやってみたい」と、厚木店に視察に訪れた。同年6月27日には、横浜市泉区のメンバーが中心となり、「WEショップ・いずみ店」を第2号店としてオープンした。

そして同年9月6日に設立されたのが、WE21ジャパンの事業全体をマネージメントする本部機能を持つ任意団体「WE21ジャパン」である。

つまり、厚木店（第1号店）、いずみ店（第2号店）という事業の実態を先に作り、「やっていける」と確信を持った時点で組織作りを始めたことになる。

ただし、NPO法が施行され、民間の非営利団体に法人格が与えられたのは1998年の12月1日のことだったので、この時点での「WE21ジャパン」はあくまでも任意団体である。

横浜市神奈川区栄町のビルに本部事務所を設置し、「WE21ジャパン」が神奈川県からNPO法人の認証を受け、法務局に法人登記を済ませたのは2000年2月のことで、この時点でWE21の地域NPOは8団体となり、WEショップは9店舗となっていた。

その後、15年余りが経過した2014年3月の時点で、WEショップが57店舗、それを運営する「地域NPO団体」が36、さらに地域NPOをマネージメントする本部機能を果たす「WE21ジャパン」が設置されている。

では、地域NPOと本部とはどのような関係なのか？

実はそこに、イギリスの「オックスファム」と、それをモデルとした「WE21ジャパン」の大きな違いがある。

「オックスファムは中央集権型の体制を敷いているんです。人材もトップが決めて、各地域に派遣するという形をとっていますし、オックスファム・ショップの売り上げも全額いったんは上で集計されます。しかしWE21ジャパンの場合は、最初からその形をとらなかったのです。

ショップを運営するのは、あくまでも地域NPOで、本部は集約・調整などのサポーター的な立場です」（贄川さん）

オックスファムがトップダウンのアンブレラ型とするなら、こちらは個々の地域の団体が意思を持って活動するネットワーク型と呼ぶべきだろう。中央集権型ではなく、地域分権型ということだ。

「地域の望むものは、地域の人が一番よく知っています。地域の望むものを生み出していくというのが私たちの基本的なスタンスですから、あえて地域分権型にしています。ミッションや定款といった根幹部分は共通していますが、あとは地域ごとに独自の運営をしていますね」（贄川さん）

各店舗の売り上げにはかなりの差がある。

1ヵ月で150万円～200万円以上売り上げるショップもあるし、中には30万円弱のところもある。

また、WE21ジャパンでは会員を募集していて、ともに活動を進めていける仲間を募っているが、会員数が100名を超えているところもあるし、20名足らずのところもある。

その理由は単に立地条件がいいとか、品揃えに差があるといったことだけではなく、人材や組織運営の仕方、ネットワーク作りの違いといった要因がものをいう。

だからといって本部には、「こうしなさい」という命令権はない。あくまで黒子として地域の活性化を支えるというのが本部のスタンスだ。

本部が地域ＮＰＯに業務を委託されているのは、以下の点である。

◆寄付品の活用を図るため、保管及び配送の調整・管理
◆民際支援に関する共通基準の作成、情報提供や学習会の開催
◆地域ＮＰＯの周知を高めるための広報活動（広報媒体の開発・管理、広報物の作成・管理）
◆地域ＮＰＯの人材育成のための研修・講座の開催
◆ＷＥ21グループの課題の政策提言
◆事業運営や組織運営に関する経営相談の窓口
◆ＷＥ21グループ内のすべての事業が潤滑に行われるためのリスク管理

お金の流れも地域分権型である。

当初は各地域ＮＰＯの売り上げの90％が本部に上がり、店舗の賃貸料もスタッフに対するギャランティの支払いも、保険料も本部が代行するというスタイルだったが、現在では逆に10％を本部に上げて、その10％で、みんなで使う倉庫の費用やホームページ、広報紙の作成など、

組織運営にかかる費用をまかなっている。

辞めていったWEショップ、その理由

WEショップは右肩上がりで増えているが、中にはグループを脱会したショップもある。

たとえば、

「本部は、私たちの地域の利益になることをなにもやってくれない」

「WE21のような大きな団体の一員にならなくても、自分たちだけでも十分にやっていける」

という判断で、グループを抜けたショップがあった。

いわば、地域分権型というスタイルが裏目に出ることもあったということだ。

あるいは、ミッションの一環として実施している「民際協力」に対するスタンスの違いもみられる。

WEショップの収益、寄付、募金などから、アジアを中心に世界約30ヵ国で暮らす人々の生活向上のための支援をし、現地を訪問したり、現地で活動する人々を日本に招いて互いの思い

や知識、技術、情報を交換して、ともに学びあう場を作ろうというのがその趣旨で、支援先の選定も支援法も地域NPOが行っている。そして、その活動に対して温度差や考え方の違いがあるわけだ。

「私たちは、単にお金を途上国に支援すればいいというのではなく、顔が見えるお付き合いをして、地域が抱えている課題を学ぶという考え方です。そのためにはこちらからモニタリングに行く必要性がありますし、場合によっては現地の人々を招聘《しょうへい》して、日本の市民活動の形を学んでもらい、それを現地に持ち帰ってもらうという活動も重要だと思います。ただし、モニタリングするにしても、現地の人々を招聘するにしてもお金がかかる。そこで、中には〝渡航費を私たちが一生懸命に稼いだお金の中から出すの？　そんな無駄をするよりも、フィリピンならフィリピン、タイならタイの現地のNGOにお金を渡せばいい〟という意見の人も出てくるわけです。援助の形が実際に目に見えると理解もしてもらいやすいのですが、モニタリングの段階ではやはり温度差がありましてね。それがWE21グループを辞めていった原因になったことがありました」（贄川さん）

フィリピンでいえば、森林減少率が世界でも指折りであり、モニタリングに出向いてみれば山は禿山《はげやま》で、台風が上陸するたびにがけ崩れが起きて死者が出ている現状を確認できる。あるいは鉱山資源が豊富なため、資源獲得のための開発がさかんに行われ、その開発跡地の環境問題が深刻である。

モニタリングによってそうした実情を確認し、現地の人々を招聘し、炭を使った土壌改良のノウハウを学んでもらい、実際に事業を進めているのだが、やはりモニタリングの段階では、

「なにもそこまでしなくても」

「現地のNGOにお金を渡して解決してもらえばいい」

という意見の人もいて、その温度差からグループを抜けたショップもあったというわけだ。

前述のように、支援先の選定は各地域NPOが独自に行っている。

アジア地域が中心だが、最近ではアフリカに対する支援も増えてきた。

WE21ジャパンでは、できるだけ支援に一貫性を持たせるため、『WE21ジャパン地域NPO支援ハンドブック』を発刊して、関係者に配布し、学びの場を作っている。

スタッフのモチベーションが上がる認定NPO法人

「WE21ジャパン」は、2015年の春に認定NPO法人の資格を申請する予定だが、36ある「地域NPO」の中で7団体（いずみ・旭・海老名・たかつ・藤沢・都筑・ほどがや）がすでに認定NPOになっていて、今後、他の団体も続々と認定を取得する予定だ。

認定を取得するにあたって、ネックになったのは、なんといってもPST（パブリックサポートテスト）の基準である。前述のように、PSTクリアの条件として「地域住民の共感」があげられる。具体的には年間3000円以上の寄付者を100人以上集めなければならないとされている。

「WE21ジャパン」の場合、寄付品はたくさん集まるのだが、寄付金が思ったように集まらなかった。だから、なかなかPSTをクリアできない。

対策はないか？

「地元選出の国会議員や税理士の皆さんにもいろいろとアドバイスをいただいたのですが、寄付金を集めない限り、なかなかＰＳＴをクリアできないんです。でも、私たちのところでは寄付品は多い。そこで、寄付品を寄付金に換算してはどうかとなったわけです。具体的には寄付品の重量で寄付金に換算するという方法を試みてみたのです。いくつかのショップで実際にやってみましたが、この方法は窓口のスタッフの負担がたいへんですし、現実的ではない。やっぱり、認定は無理かなとあきらめかけていたところに登場したのが『神奈川県指定ＮＰＯ』という制度でした」（贄川さん）

２０１２年2月1日に神奈川県が他に先駆けてスタートさせた、いわゆる「神奈川方式」が福音となったわけだ。

前述のように、神奈川方式のもとでは寄付金でなくても、署名を集めれば指定ＮＰＯ法人とみなされる。そして、署名はＷＥ21ジャパンお得意の分野である。

さらに、神奈川県の「指定」をとることができれば、雑多な書類審査はあるものの、かなりの高確率で「認定」をとることができる。

では、認定にはどんなメリットがあるのか？

ぜひ、現場の声を聞いてみたい。

認定をとることとの一般的なメリットは前述したが、優遇税制以外に「なんといっても地域の信頼感のアップと、スタッフのモチベーションの向上が大きい」と贄川さんは強調する。

「認定をとった地域ＮＰＯの皆さんに話を聞いてみたのですが、皆さん、口をそろえておっしゃるのは、市民の皆さんの信頼感が増したということですね。いま、ＮＰＯは5万近くありまして、中にはいかがわしい団体もあります。ときとして新聞紙上で糾弾されるような団体もありますよね。すると、まともな活動をしているＮＰＯに対しても疑惑の視線が向けられることがあるんです。ところが、認定をとるということは国のお墨付きをもらうわけですから、あそこは別格だと信頼感につながるわけです。それに伴って、スタッフとボランティアの皆さんの意欲というか、モチベーションが向上するというのが大きいですね」

そして、県や市の担当者の、ＷＥ21ジャパンに対する評価が高まったことは、改めていうまでもない。

たとえば、地元の新聞社が「○○奨励賞」という賞を設けたいので、どこかいいところはないかと県庁の担当者に相談に行く。すると、担当者が「ＷＥ21ジャパンという団体がいいよ」と推薦してくれる。

県や市の担当者が広報マンの役割を果たしてくれるわけだ。

公共の場所を借りやすくなるというメリットもある。

「チャリティショップの全国フォーラムを開催したとき、ＪＩＣＡ横浜の会場をお借りしました。私たちとしては当然有償でお借りする予定でしたが、〝そういう活動に使っていただける

のなら〟と、無料でお借りすることができました」（贄川さん）
デメリットといえば、なんといっても、聞き取り調査や書類作成の煩雑さ。認定を希望するのなら、その煩雑さに対応するための相当なエネルギーの消耗を覚悟せざるを得ないはずだ。

知名度が上がるにつれて地元企業との「協働」が活発になってきた！

最近、ＷＥショップの商品で目に付くようになってきたのが企業からの寄付品だ。

たとえば某有名カード会社からは、新品でブランド品の超高級バッグが寄付されたことがある。同社のカードで購入した客が、「思っていた品物じゃなかったから」と返品してくる場合があり、その返品された品物の行き場がないような場合、「どうぞ」とＷＥショップに寄付してくれるそうだ。

あるいは企業が景品として作った品物が、「余ってしまったから」と寄付されることもある。

とくに「認定」を受けたようなＮＰＯ法人には、その種のメリットがあるそうだ。

「ただ、気をつけなくてはならないのは、新品ですと言われたので喜んでいただいてみたら、長い間倉庫に置いていたためシミができているような場合があるんです。だから最近は写真に撮ったものをデータでいただき、大丈夫そうだったら、まず少しだけ送っていただく。現品をみて大丈夫だとわかったところで寄付していただくようにしています」（贄川さん）

中には、「あのWEショップに寄付しませんか」と、営業の役割を自ら買って出る地域貢献型企業も登場した。たとえば老舗《しにせ》の印刷会社であるA社の場合。

「もともと社会貢献したいという理念を持っている会社ですが、ここは会社にダンボールを置いて、〝WEショップに寄付するものはありませんか？〟と、寄付品を集めてくれるんです」（贄川さん）

あるいは、廃棄物処理業のB社。この会社は、依頼主に、「この部屋にあるものは全部持っていってください」といわれることがある。

「中には廃棄物として出してしまうのはもったいないような商品があるんです。それを寄付品としてWEショップにまわせないかと提案を受け調整しているところです」（贄川さん）

さらには、ハウスクリーニングのC社。

この会社には部屋の片づけのプロがそろっているが、

「WEショップは寄付品でごった返すでしょ。どうやって片づければいいかをアドバイスしましょう」

という貴重な提案を受けた。

「普通なら何万円もかかるアドバイスを無料で提供してくれるんです。同社の社長さんによれば、〝社員は場数を踏む必要がある。その意味では、WEショップのお手伝いをするというのは社員研修になる〟とおっしゃっていました」（贄川さん）

C社にはC社なりのメリットがあるということ。

こうした企業との協働は、今後、ますます増えていくことが予想される。

WE21ジャパンが行政に望むこと

贄川さんは、WE21ジャパンの活動を通じて、さまざまな課題が見えてきたという。その一つが「就労支援」の問題だ。

一度社会に出たが、適応できずに家に引きこもってしまった。しかし、できればもう一度社会復帰したいと望む若者が少なくない。

ところが中には、長い間家庭にこもっていたため、なかなか社会復帰に対応できない若者もいる。無理して就労すると、上司から投げかけられるさまざまな仕事に対応できなかったり、時間に追われてノイローゼ気味になり、結局はうまくいかないというケースが少なくない。

WEショップは、そうした若者たちを受け入れて、就労支援をしている。

「WEショップには子育てを体験したお母さん方もたくさんいて、暖かくて、とても居心地がいいんです。スタッフとして働くと、少々手際が悪くても、暖かく見守ってもらえます。それに、いろんなお客さんが出入りしますから、最初は裏方として働いていたとしても、慣れてくるとだんだんお客さんと対話ができるようになる。つまり、社会復帰するためのリハーサルの場の役割を果たしているんです。行政が、そうした役割を支援してくれるとありがたいなと思います」（贄川さん）

もう一つの課題は、生活困窮者への支援だ。

WEショップにもボランティアで働いている女性がたくさんいるが、現実にはお金に困らない人が余った時間で手伝いをしているわけで、生活困窮者はボランティアどころではないというのが本音だ。

「そこで行政にお願いしたいのは、生活に困窮しているけど、ボランティアもしたいという志を持った人材へのサポートですね。あるいは、就職氷河期で、うまく就職ができなかった若者とか、身体的な障害を持った人の社会参加を促しながらサポートするような仕組みができるといいなと思っています」（贄川さん）

WE21ジャパンは「政策提言部会」という組織を持っていて、今後、政府や自治体に対して提言する「提言力」を備えたいのだという。

ロンドン・テムズ川河口の難しい土壌改良を手がけた「グラウンドワーク」

イギリスのサッチャー元首相は、数多くの公共サービスを民間に委託したことで知られているが、その一つに「グラウンドワーク・ファンデーション」によるプロジェクトがある。

グラウンドワークとは基礎工事や下地を意味する言葉であり、プロジェクトは民間先導型の公共事業として現在も続いている。

ここは非常に高度なテクニックを備えた技術者たちの組織であり、イギリス各地に支部がある。その支部ごとに、環境汚染に悩んでいる地域が発生すると、本部の専門家集団に相談し、さまざまなクリーンアップの技術を指導している。

その代表例の一つが、テムズ川河口にあるダートワースの土壌改善事業だ。

ダートワースは、古くからロンドンのゴミ捨て場といわれていた。

中世では黒死病の流行時に死者をここに捨てたとされるし、第二次世界大戦のときには、ナチスドイツの空爆を受けて瓦礫《がれき》と化したロンドンから、その瓦礫や死体を運んで、ここに捨てたとされている。そのため、メタンなどの有毒ガスが発生し、動植物さえも寄せ付けない不毛の地だった。

その土壌を改良しようというプロジェクトだ。

最初は、グラウンドワーク・ファンデーションの支部にあたる「ダートワース・ファンデーション」を設立し、ボランティアやNPOを集めて、この地域に木を植えて少しずつ環境を良くしようとしたのだが、植えても、植えても枯れてしまう。

そこで地質学研究者や技術者を派遣して、徹底的な土壌改良を行った。

掘り返して新しい土を入れる一方で、土壌からメタンガスを抜き取る技術を開発して実施したのである。

このプロジェクトが功を奏し、今では緑地が整備されて、ロンドン市民が訪れる自然公園となっている。

このプロジェクトに日本から参加していた元農水省の役人が、「おもしろい試みだ」と農水省を口説き、1995年に財団法人として設立されたのが「日本グラウンドワーク協会」だ（2012年からは一般財団法人）。

ここも「WE21ジャパン」と同様にNPO法人のネットワークを全国に張り巡らせ、各地域の水の浄化や環境保全に取り組んでいる。

また、全国のネットワークを活用して、企業と地域とをつなぐプログラム「企業スポンサー助成事業」に取り組んだり、国・地方公共団体の取り組みと連携して「食と地域の交流支援対策」などを行っている。

完全子会社組織の「セーブ・ザ・チルドレン」と「グリーンピース」

WE21ジャパンや日本グラウンド協会は、「ネットワーク型」とでも呼ぶべきNPO法人の組織だが、海外のNPOの完全子会社として活動しているのが「セーブ・ザ・チルドレン・ジャパン（SCJ）」や「グリーンピース・ジャパン」だ。

SCJは1919年にイギリスで設立されたNGO（非政府組織）であり、子供の権利保護に関しては最前線にいる組織だ。

世界120ヵ国で活動を続けている老舗組織だが、日本では1986年にNGOとして設立された（2011年から公益社団法人）。

日本支部として東京千代田区と大阪北区に事務所を置き、主に開発途上国の子供たちにワクチン注射をするための資金を集めている。

同じく、オランダのアムステルダムに本部を置く国際環境NGO「グリーンピース」の日本事務所として設立されたのが「グリーンピース・ジャパン」であり、地球規模の環境破壊をストップさせるため、世界40ヵ国のグリーンピースと連携して活動している。
反原発運動で、たびたびメディアを賑わしているので、ご存知の方も多いはずだ。

第4章

先輩が高校生の心に火をつける「ナナメの関係」

学生ボランティアたちが集うミーティングスペース
(カタリバ本部)

カタリバ代表理事
今村久美さん

認定NPO法人 カタリバ

設立日	2001年11月
代表者	代表理事・今村久美
主な事業内容	子ども・若者へのキャリア学習プログラム「カタリ場」と、被災地の放課後学校「コラボ・スクール」などを行っている
事務所	東京都杉並区高円寺南3-66-3 高円寺コモンズ2階
HP	http://www.katariba.or.jp/

福祉系・教育系・町づくり系・中間系が日本のNPOの70%を占めている！

日本オリジナルのNPO法人は大きく介護福祉系、教育系、町づくり系、中間系という4つの分野に分類され、この4ジャンルで全体のほぼ70%を占めている。

最も数が多いのは介護福祉系だ。

これは、1997年に制定された「介護保険法」により、NPOが活動しやすいさまざまなニッチ（隙間）が生まれたためで、1998年にNPO法がすんなりと誕生したのも、「介護福祉系NPOが行政のニッチに対応してくれるはずだ」という政府・自民党系の期待が込められていたからだと考えられる。

そのため、介護福祉系NPO法人の申請が非常に目に付くようだ。

介護福祉系のNPO法人には、多額の補助金や保険給付金をはじめとしたさまざまな収入があるため、どうしても寄付を集める意欲が低下する。それが、「認定NPO法人」の割合が非常に低いという実情の大きな要因の一つになっている。

ちなみに、介護福祉系の中で最近特に増えているのが、精神障害者に作業所などで働く場を提供する「障害者型」で、福祉系の40％近くを占めている。「介護保険型」の方は保険から給付されるので財源が豊富だが、「障害者型」の方は社会保障費、つまり税金で運営していて、だんだんと財源が乏しくなってきているため、どうしても寄付金を集めなければならないというのが最近の傾向。この分野から「認定ＮＰＯ」が多く誕生することが予想される。

そんなＮＰＯ法人の潮流の中にあって、最近、注目されているのが教育系のＮＰＯ法人だ。まだ数は少ないものの、将来的にはＮＰＯが「学校」や「私塾」を運営しても不思議ではない。中でも東京・杉並区に本拠を置く認定ＮＰＯ法人「カタリバ」は、これからＮＰＯを始めようと思っている方々には重大なヒントを与えてくれるはずだ。

カタリバは２０１３年6月に「認定ＮＰＯ法人」を取得したが、２００１年のスタート時から「認定」取得までの歩みを、代表理事の今村久美さんに聞いた。

就活がキッカケで高校時代の過ごし方に思いを馳せる

今村さんが「カタリバ」の活動をスタートさせたのは２００１年11月。まだ、慶應義塾大学・環境情報学部（通称・ＳＦＣ）に在学中のことだった。

当時は就職氷河期の真最中にあたる時代であった。

今村さん自身は一切就職活動はしていないが、通常の就活ルールにのっとって企業に面接に行った友人の中には、自分のことをうまく伝えられなくて、肩を落として帰ってくる人たちがたくさんいた。

一方では、就活など見向きもしないで、自らＩＴベンチャーを立ち上げる学生社長が彼女の周りにも複数いた。当時は、ちょうど時代が動き始めた時期だったわけだ。

その頃を振り返って、今村さんは次のように語る。

「就活で、企業の担当者に自分の思いをうまく伝えられない友人が多い中で、就職して雑巾がけから始めてだんだんと昇進していくという企業風土の中に入らなくても、インターネットを使って最先端のことをする、つながりたいところにつながれちゃうという感覚を持って大学生活を送ってきた友人たちがどんどん新しいことを始めていたわけです」

まだ、パソコンの立ち上げ一つとっても時間がかかった時代である。ネットショッピングやネットバンキングが登場する前のことであり、買い物は商品を手に取ってするというのが当たり前だった時代に、

「やがてインターネットで買い物をするときが来るんだ！」

と、時代の先取りをして、グリーやミクシィ、クックパッドなどを立ち上げた先輩や友人が彼女の周りにいたわけだ。

そんな環境に置かれた彼女が、改めて自分を見つめなおしたとき、ある〝気付き〟があった。

「意欲と気概があれば、若者であっても、やりたいことができちゃう時代になってきているのではないかと思ったわけです。でも、私にはその意欲も気概もなかった。もしかしたら高校時代に、その意欲を起こさせてくれる環境の中にいたなら、私ももっと違った大学生活を送れたのではないか。偏差値輪切りの中で、自分の偏差値レベルに見合った大学に入学するというのではなく、もっと違ったモチベーションを持って大学に進学する高校生が増えたなら、大学での過ごし方も変わって、就活で何も話すことがないという人も減り、もっと新しいことを社会に提言できる人が増えるんじゃないか。自分自身の反省を踏まえて、ふんわりとではありま

が、そんなことを感じていたんです」（今村さん）

友人たちの就活をきっかけに、自分のことを振り返り、高校時代や大学生活に思いを馳せた。その結果、就活で「何も話すことがない」というのは、話せるような大学生活を送らなかったからで、その遠因は高校時代の進路選択時のモチベーションにあったのではないかと気付いたわけだ。

田舎の高校生たちの目がパッと輝く瞬間

今村さんが生まれ育ったのは岐阜県高山市である。

彼女がＳＦＣに在学中は、その出身地の友人の弟や大学の友人の妹をはじめ、ＳＦＣのＡＯ入試を受ける現役の高校生たちが、各地から彼女を頼って上京してきた。というのも、ＳＦＣの受験生は、「高校生のときにどんなことを考えてきたか」「なぜＳＦＣなのか」といったことを志望理由書に記入しなければならない。ところが地元の高校では受験指導はするものの、志望理由書の書き方などは教えてくれない。「なぜＳＦＣなのか？」と聞かれても、中には大学そのものが存在しない地域もあるわけで、他の大学と比較することもできない。

そこで、なにはともあれＳＦＣの空気を吸いたいと、先輩を頼って上京してくるわけだ。

「私もＡＯ入試組でして、高校3年生のときにＳＦＣのオープンキャンパスに行きました。そのとき、先輩たちが皆キラキラしていて、とても刺激的だったんですね。その経験があったので、何か役にたてることがあればやってあげようと思い、頼まれると、いいよ、いいよという感じで引き受け、トータルすると25人くらいの高校生を私の部屋に泊めてあげました」（今村さん）

高校生を連れて、キャンパスを案内した。あるいは、その高校生たちをＳＦＣの先輩や教授たちに紹介した。すると、

「よく来たね」

「こんなところまで来てえらいね！」

と歓待し、研究室にまで入れてくれる。

そこには、「オレ、いまこんなことをやってるんだよ！」と、自分の研究計画を熱く語る先輩たちがいる。

「そんなとき、高校生たちの目がパッと輝くんです。引率していて、そんな瞬間を何度も目に

しました」（今村さん）

その目の輝きの背景を今村さんは次のように分析する。

自分たちは高校生になるまで、先生という職業の人に出会い、その人によって教科書に書かれていることを学んできた。その順序も段取りも、文科省が一律に敷いたレールに沿ってなされていた。それが「学び」だと疑わなかった。

ところが、教科書の外側に自分が興味あることがあり、それをベースとして目上の人に出会うと、目上の人はすごくかまってくれ、その人自身は何も結論を持っていなくても、あるいは専門的なことは教えてくれなくても、高校生に熱気を感染させることができる。

「中に、将来はプログラマーになりたいというゲーム好きの高校生がいたんです。その相手をした大学生が、パソコン上で〝まだ研究が始まったばかりだけど、このコマンドをこう書いて、こうすると、ほら、ロケットがこう動く。どうだ、すごいだろ！〟と熱く語ってあげたんです。すると、熱気が高校生に感染して、目がキラキラしてくるんです。そうした体験を通じて、学びで大切なのは教材や教育カリキュラムではなくて、熱く語れる先輩たちに出会わせるような試み。動機づけのキッカケを与えることじゃないかと思ったんです。動機があれば、あとはインターネットを駆使すれば、極端にいえば先生なんかいなくても、自分の力でどんどん学んでいけるのです」（今村さん）

先輩に会うことで、高校生の中である種の化学変化が起きるということ。こうした体験を自分の中だけに留めておくのはもったいないと思った。これは、仕事になるはずだと思った。それが2001年11月のNPO「カタリバ」の設立につながったわけだ。

代表は今村さんで、副代表は友人で明治大学出身の三箇山優花さん。三箇山さんは、マスコミでもおなじみの斎藤孝教授のもとで教育学を学び、教育実習を通じて実際に教育現場を見てきた女性である。

心強かった鈴木寛氏と大学の友人たちの言葉

今村さんたちは、最初からNPO「カタリバ」を名乗っていた。

前述したように、「NPO法」が施行されたのは1998年だから、カタリバを設立した2001年にはすでにNPOに法人格が与えられていたわけだが、当初はあくまでも個人事業であり、名称だけはNPO「カタリバ」を名乗った。

「最初からＮＰＯとしてやっていくつもりでしたが、申請していなかったもので、法人格をとるのに4年かかりました。ＮＰＯにこだわったのは、やはり大学の授業の鈴木寛先生の言葉が影響していました」（今村さん）

阪神淡路大震災時、行政は意思決定が遅く、緊急支援対策が遅れた。ところが善意とネットワークを持った市民団体が裏で震災を支えた。

１９９８年に施行された「ＮＰＯ法」により、そうした市民団体に法人格が与えられ、ＮＰＯという存在がクローズアップされていた時代である。

慶應大学の教壇に立っていた鈴木寛氏は、

「これからは企業がマーケットにはできない公共のニーズを、国が解決してくれる時代ではない。要望を出して、霞が関の官僚組織の決定を待つ時代でもない。コミュニティ・ソリューションで新しい解決をしていくＮＰＯという法人が、これからは社会を変えていくんだ」

授業中にそのように語ったそうだ。

「ＮＰＯでいきたい！」

そう決意したものの、今村さんが大学で学んだのは主にインターネットのプログラミングであり、経営学を学んだわけではない。

そこで、すでに大学を卒業していた先輩たち１００人に意見を聞くという目標を立て、アポイントをとって、直接会いに出向いた。

予想はしていたものの、やはり手厳しい意見が多かった。

「高校生の目を覚ます？　甘い、甘すぎる。君のやろうとしていることは、そもそもビジネスにならない」

「年間の売り上げはせいぜい２００～３００万円程度だ。損益分岐点をどう考えているのか？」

そして、別れ際には必ず、

「悪いことは言わない。まずはちゃんとした会社に就職しなさい」

その一言を添えた。

そんな中にあって、励ましの言葉を与えてくれたのが鈴木寛氏だった。

当時の鈴木氏のもとには、学内プロジェクトの立ち上げについてのアドバイスをもらおうと、学生たちが自宅にまで押しかける状態であり、彼女が相談することができたのは夜中の３時からの30分間。場所はファミリーレストランだった。

彼女は、鈴木氏に、持論である「先輩が動機づけるナナメの関係」を訴えた。

その内容は、

「高校生たちに本音を語ってもらうために、鍵になるのがナナメの関係。利害関係のある親でも先生でもない、同じ視点になりがちの友達でもない、少し年上の〝先輩〟に憧れ、刺激を受ける」ことで、彼らに動機づけを与える」

というもの。おわかりのように、今村さん自身が地方の高校生たちをＳＦＣに案内し、キラキラと輝く目の背後に感じた理念だ。

この「ナナメの関係」という考え方に対し、鈴木氏は次のような感想を述べた。

「そうした機会は重要だ。君のいう〝ナナメの関係〟は、これから必ず求められる。がんばりなさい！」

この一言は、彼女のその後の活動の支えとなった。

同時に、支えとなったのが大学の友人たちの次のような共感の声だった。

「たしかに高校時代から何かのヒントをもらっていれば、まったく違った大学生活になっていたはずだ。そういう機会を作るのなら、自分もぜひかかわりたい！」

リクルートに依頼された高校への派遣講師役

とくに地方には、「ナナメの関係」の先輩に出会うことで動機づけされる高校生がたくさんいる。間違いなくニーズがあるはずだ！

その思いをビジネスにするために、今村さんと副代表・三箇山さんを中心としたカタリバは、手始めに「合宿」を計画した。高校生が、先輩たちといっしょに自分の夢や目標を語り合うイベントをやろうとしたわけだ。参加費は交通費別で2万円だった。

「全国の高校生を100人集めようという目論見《もくろみ》で、チラシを作り、地方出身の大学生たちに、お正月に帰省するときに持っていってもらったり、出身高校の先生に話して告知してもらったりしました」（今村さん）

ところが、応募した高校生は「ゼロ」だった。

いきなりの失敗である。

予約していた旅館のキャンセル代が8万円かかった。

「要するに、いくらチラシをまいたところで、カタリバに対する信頼がまったくなかったのです。教育委員会や文部科学省の後援でもあれば別だったのかもしれませんが、当時は海のものとも山のものとも分からないカタリバに、何万ものお金を払ってまで子供を預ける親はいません。学校の先生だって、なにか事故があれば自分たちの責任を問われますから、チラシをまいてくれたかどうかさえ疑問です」（今村さん）

ニーズは確信していた。教授も言葉の後押しをしてくれた。趣旨に賛同してくれるボランティアの学生たちもいた。しかしそれだけでビジネスは成功するものではない。

とはいえ、この程度であきらめるわけにはいかない。

その後も、今村さんや三箇山さんは、自分たちの熱い思いを抱えて、各地の高校や関係機関を訪ね歩いた。

するとある日、以前、面接を受けたことのあるリクルートの高校生向け進学情報誌チームのトップから、今村さんに電話がかかってきた。

「君たちの目的はよくわかるが、これからどうするつもりか？」

「予定は白紙ですが、なんとしてもカタリバは成功させたいんです」

「具体的な仕事がないようなら、とりあえずうちで働いてみないか？」

「お願いします」

とにかくキッカケが欲しい今村さんは、翌日にはさっそく、リクルートに出向いていた。

当時、リクルートは高校マーケットの活性化を目指し、海外のキャリア教育の事例などを分析していたのだが、その事業展開の方向性とカタリバの発想が合っていた。また、リクルートでは新たな市場を求め、学校の授業でインターネットを活用してもらうことを狙っていたが、学校側には教材もなければインターネットを教える人材もいないため、講師を派遣して、高校でインターネットを利用するプログラムを実施することになった。そこで、今村さんに白羽の矢が立ったのである。

こうして今村さんは、リクルート社の派遣講師となった。

仕事は大きく2種類あった。

一つは、『進学辞典』という大学情報誌を各高校に持参して、「使ってください」と依頼する仕事。リクルートとしては、その情報誌に基づいた資料請求に対して課金するというビジネスを行っていた。

もう一つは、インターネットを使って進路選択をするというサービスだ。

そして、今村さんにとってなにより大切なのは、カタリバの売り込みである。

「高校を訪問するにあたって、カタリバの名前を出しても相手にしてもらえなかったんですが、リクルートの名前を出すとアポイントがとりやすいんですね。リクルートとしては、カタリバの名前は出しても出さなくてもいいということでしたが、私は〝実はこういうこともやってるんです〟ということで、一方でカタリバの宣伝も抜かりなくやりました」（今村さん）

実は、その〝ついで〟が、カタリバのビジネス展開の糸口となったのだった。

首都圏にある2つの高校の先生から、

「何かやれることがあったら、やってみてもいいよ」と、声がかかったのである。

まずは授業枠ではなく、文化祭の出展から取り組んだ

リクルートの仕事をしながら、教員たちに「カタリバ」をアピールしていたところ、まず最初に2校から声がかかった。まさに渡りに船である。

といっても、カタリバの考え方やプログラムは今村さんや三箇山さんの頭の中に未完成の状態でとどまっている状態であり、具体的に見せられるものがない。

そこで、まずはA高校に出向いて先生たちに自分たちの熱い思いをぶつけてみた。

当時のA高校は商業科と工業科を廃止して普通科に一本化し、進学校化をはかる途上にある高校だった。そこで、生徒たちが自分自身のことを改めて考える機会を作れないものかという意図があって、カタリバにコンタクトしてきたのだった。

大学生と高校生が本格的に語り合う場（カタリ場）を実践したいと考えていた今村さんは、応対してくれた先生に、まずは、自分たちの思いを告げた上で、

「授業の枠をもらえませんか？」

と、要求してみた。

担当の先生は興味を持って学内で諮《はか》ってくれたものの、結果は「ノー」だった。教員にとっての授業枠というのはまさに生命線であり、大げさにいえば神聖な存在である。それを、実績も知名度もない団体にいきなり渡すのは、どう考えても無理がある。

ただし、カタリバの「志」は買ってくれた。そして、

「授業枠は無理だが、秋の文化祭で出展してみてはどうか？」

とアドバイスしてくれ、その年10月に開かれる文化祭での出展が決まった。

B高校は、進学校で目標や意欲の高い子供たちが多い学校で、ＳＦＣのＡＯ入試の参考になればという意図を持った依頼だったが、こちらも授業枠の確保はできなかったものの、11月の

文化祭での出展を受け入れてもらえた。

カタリバが初めて手掛けるビジネスである。

新しいスタイルのビジネスなので、相場もない。

費用はいくらにするか？

「20万円という適当な値段をつけました。A高校の場合は学校側に予算はなかったのですが、カタリバの理念に共感してくれた先生方が学校内で寄付を募り、中には一人で3万円もの寄付をしてくれた先生もいました」（今村さん）

NPOの活動でものを言うのは、やはり〝志〟の高さである。

進路多様校にカタリ場の需要があった！

はじめての現場を手に入れた今村さんと三箇山さんは、趣旨に賛同する2人の女子大生を加えて、じっくりとプログラムを練った。

その結果、現役大学生と高校生が1対1で30分間語り合うというプログラムを作成した。その上で、2人の出身大学である慶應義塾と明治の学生を中心に20人ほどの学生ボランティアを集めた。

10月に開催されたA高校の文化祭の朝、集まったボランティアの学生に2〜3時間のレクチャーを施し、本番に臨んだ。場所は文化祭の会場である学校の教室である。会話のスタイルは人によって異なるが、強調したのは、「まずは聞き役になってあげて欲しい」ということだった。

文化祭には、他校からもさまざまな高校生がやってくる。そして、教室を利用した各ブースを覗き、興味があれば客となる。

今村さんは、客引き用に、リクルートから依頼された授業で使用していた『進学ネット』を活用することにした。これは、いくつかの質問に答えることにより、自分に合った進学先のヒントが得られるというネット上の自己診断コーナーだ。

「自分に向いた進学先が診断できるよ!」

という呼び込みに興味を示した高校生に、まずは『進学ネット』で進学の方向を示し、その上で、「もうちょっと話をしましょう」と、ボランティア学生との1対1の「カタリ場」に誘導した。

この初めてのイベントで、今村さんは手応えを感じた。

「ボランティアは、まずはじっくりと高校生の話を聞いてあげる。その上で、先ほどの進学ネットの結果を示し、〝あなたはこういうタイプだと診断されてるけど、さっきの話と合わせると、明日からこんなことができるんじゃないの？〟と、いっしょに小さな目標を見つけてあげるんです。すると高校生たちの表情がみるみる変わって、目が輝き始めるんですね」（今村さん）

「もっと自分と向き合っていこうと思います」

「3校以上のオープンキャンパスに行く！」

「今日帰ったら、親に話しかけてみる」

そんなささやかな目標が、高校生たちの目を輝かせるのである。

今村さんは、やれると思った。

同時に、しっかりとしたビジネスモデルの作成の必要性を感じた。

翌年もリクルートの派遣講師をしながら、各高校で「カタリ場」を地道にアピールした。その結果、前述の2校以外に、新たに、公立のC高校が顧客として加わった。

このとき、新たな発見があった。

「高校には進学校と、進路多様校があるんですよね。進路多様校というのは、進学する子もいるし専門学校に進む子もいる。そして就職する子もいれば、卒業後は親の仕事を手伝う子もいるという高校です。実はA高校と、新たに加わった公立のC高校は進路多様校でして、実は私たちカタリバのニーズは、主にこちらにあることが分かったんです」（今村さん）

C高校は、一言でいえば、やる気のない子たちしかいないような高校だった。教員たちは、そういう子たちに情報提供することはできるが、意欲を引き上げることができない。その突破口も見つからず、頭を痛めていた。

「所属する高校によって高校生の質が違うし、家庭環境もまったく違うんです。B高校のように目標や意欲の高い子が集まっている高校もあるし、中にはＰＴＡ会も成り立たないような高校もある。現在の高校は、いわば社会階層の一つになっていて、同じ高校の生徒たちは同じ文化圏内で生きている。だから友人同士で話をしても刺激がないし、友達の家に遊びに行ってその親と話してもさほど刺激を受けないんです。とくにA高校とC高校のような進路多様校の生徒たちは、刺激を受ける環境にない。だから、先生としては生徒の気持ちを引き出す突破口になる企画を望んでいる。C高校の先生方や生徒たちと付き合ってみて、そのことがよく分かりました」（今村さん）

３つの高校でイベントをやってみて、それなりの手応えを感じたし、進路多様校により需要が多いという現実も見えてきた。

同時に、課題も浮き彫りにされた。

その一つは、教員たちに「自分たちは何ができるのか」を説明することの難しさだ。外から見れば、単に大学生と高校生が会話しているだけとしか映らない。「高校生の目がキラキラしてきた」といっても、その意味やプログラムとの関連性を説明するのは難しい。カタリバの何が魅力的なのかを、教員たちをうまく説得できないのである。

生徒たちへの呼びかけも難しい。

何のために、何をやるのかを的確に伝えるのが難しい。

「イベント型では難しいということです。イベント型にして、参加したい生徒だけに来てもらうというスタイルではダメだということです。第一、カタリ場が対象にしたいのは、そういうイベントには積極的に参加したがらない子や、参加する機会がないという高校生なのです。すべての子が否応なく受ける授業という形が必要だなと痛感しました」(今村さん)

そして3つ目の大きな課題は、これをどうやってビジネスとして成立させるかということだった。A高校の事例のように、先生方の寄付に頼っていたのでは限界がある。

そこで今村さんたちは、効果的なビジネススキルを探るためにもっと現場を体験しなければならないと、2004年の1年間は、20万円もらっていた「カタリバ場」の〝授業〟をいったん「0円」にした。一方で、自分たちの生活のためにリクルートのアルバイトに精を出した。

公立高校には別枠予算がない。「文化予算」というものを知ったきっかけ

カタリバ副代表の三箇山さんは明治大学・斎藤孝教授のもとで教育学を学び、教育実習を通じて実際に教育現場を見てきた女性である。

今村さんとともにリクルートでアルバイトをする一方で、高校の教員たちに積極的にコンタクトをとった。

具体的には、ネットで「〇〇進路指導部会」といった教員たちの会合の情報を検索し、その飲み会の席に行きまくったのだ。教員という閉ざされた世界の扉をこじ開けるには、まずは飲み会だろうと思ったからだ。まさに、「敵を知り己を知れば、百戦危うからず」の心境である。

その場で、教員の中に食い込んでいく。そして、

「進路指導でお悩みなら、こんないい話がありますよ」

「無料でお手伝いしますよ」

そうアピールした。

「無料」というのは強力な武器である。

2004年の1年間だけは、15~20の高校を無料で回った。自分たちの「志」の達成のための投資の1年間だったわけだ。

その活動を通じて、だんだんと現場の実状が見えてきた。

「学校の先生方は、結局は文科省から下ろされた教科書を使って、決められた枠の中で授業をするというミッションを背負っている人たちなので、何かやろうとしても決裁権を持っていない。外注する権限がないんです。何年もたってから、そんな重大なことに気付くなんて、私たちのビジネススキルには明らかに問題がありましたね」(今村さん)

高校の予算の内情も見えてきた。

私立は別だが、公立高校にはカタリバが食い込めるような「別枠予算」がないのである。食い込めるとしたら、鑑賞会や講演会などに使う「文化予算」だ。そこで、

「劇団を呼ぶよりも、カタリバを呼んだ方が意味がありますよ」

そんな感じで、教員にアピールした。

あるいは、

「1回3000円の模擬試験を年に10回受けさせるのなら、1回くらいはカタリ場にしませんか」

「適正自己診断を1回1900円も出してやるくらいなら、1回はカタリ場を活用した方が意味がありますよ」

などと、高校の内情がわかるにつれて、アプローチ法が見えてきた。

最初の頃はビジネススキルがなかったため、いきなり、「予算をつけて」とお願いしてみたのだが、当然、これは拒絶される。教師は予算を持っていないからだ。しかし、教科書や模試、進路指導の予算にカタリ場が取って代わると思ってもらえれば、既存の予算の枠組みの中で、転換してもらえる可能性があるというわけだ。

とはいえ、悪戦苦闘の日々は続いた。

組織運営も手探りの状態だったし、カタリバが実践するプログラムの具体像が鮮明には見えない状態だった。

その頃、今村さんと三箇山さんが大きな信頼を寄せるようになっていた一人の学生がいた。

後に、今村さんの夫となった今村亮さんだ。

現場を確立し、組織を作り上げ、カタリバが成長期に入った2004年

その頃、カタリバの趣旨に賛同する学生スタッフは20名ほどいたが、そのすべてがフラットな関係であり、それを今村さんが直接マネージメントしていた。「○○君はどこどこの高校にお願い」という感じで、指示を出していたわけだ。

しかしこの作業は相手が多くて大変だし、代表の今村さんが指示すると学生スタッフは反論ができない。どうしても「やらされ感」が出てしまうのである。

そこで今村さんは、自身も学生だった今村亮さんに学生たちのマネージメントを委託し、自分は経営に専念することにした。

「彼は、カタリバを深く理解し、強い意欲を持って運営に取り組む。そして事業計画を担っていた学生です。彼に権限を与えれば、彼自身はもちろん、学生スタッフのモチベーションが上がるに違いないと思い、決断しました」（今村さん）

これで、カタリバの組織に3本の柱ができた。

経営や営業・広報を担う今村さん。学校との渉外を担当する三箇山さん。そして学生の今村亮さんが現場と事業計画と学生のマネージメントをする。それまでは今村さんと三箇山さんの合議によって運営していたのだが、今村亮さんが加わることにより、カタリバが組織として動き出したわけだ。

今村亮さんは、手始めに、学生スタッフを事務局に関わるスタッフと現場に出向くスタッフとに分割。その上で自分一人が事務局を担当し、他の20人あまりは、すべて現場スタッフとした。

その彼が連れてきたのが、高校時代の同級生だった稲葉隆久さんである。

彼は、現場スタッフとして「キャスト」の役割をこなした。

ここで、いま行われているカタリ場の授業風景を紹介しておこう。

授業を行うのは「キャスト」と呼ばれるボランティアの大学生であり、中には専門学校生や短大生、フリーターもいる。

依頼された高校の体育館にまずはキャストが集合し、体育館の入り口付近にスタンバイする。生徒数が300人だとすれば、キャストは50人程度の割合。男女比はほぼ半々だ。

生徒たちが入ってくると、キャストが声をかける。

「こんにちは」

「お昼、なに食べた?」

そんな感じだ。

年齢が近いせいもあり、そのまま会話を始めるキャストと生徒もいる。

やがてステージにこの日の司会役が登場し、

「今日は2時間、よろしくお願いします」

軽い感じで挨拶をする。司会役をこなすのも、キャストのひとりだ。

その司会役の指示のもと、キャストひとりと生徒6〜7人の割合で班が作られ、それぞれが車座になって座る。

班を作ったキャストとは別に、遊軍のキャストもいて、どの班にも入れずにうろうろしているような生徒がいれば、彼らが声をかけて入れる班を探してあげる。

まずはキャストが自己紹介。出身地や好きな音楽、テレビ番組、タレント、漫画やゲーム。高校生に合わせた目線で、自己紹介が進む。それが終わると、それぞれの生徒に自己紹介が求められ、さらにはワークシートが配られる。

その日のカタリ場のプログラムを通じて、感想や自分の思いを記入するためのもので、「いま、いちばんハマっていることは?」「自慢できることは?」「あなたの夢は?」といった質問が並んでいるが、ポイントとなるのは次の３つの質問だ。

◆今頑張っていると思うことは？
◆その取り組みに点数をつけるとしたら、何点？
◆その点数を上げるためには、今日から何ができる？

生徒たちはキャストと対話しながら、この質問項目を埋めていくわけだが、改めて言うまでもなく、こうした質問は自分自身を考えるキッカケとなる。

次のプログラムは、大学生たちが自分の物語を15分ほどで語る「サンプリング」だ。

7～8人の大学生が班とは別の場所にスタンバイしている。

生徒たちはいったん班を離れて、事前に配られた資料を参考に興味ある大学生のもとに足を運ぶ。

資料の紹介文は、

「◆話のキーワード」

「▲伝えたいメッセージ」

「★将来の目標を一言でいうと?」

「●あらすじ」

からなっていて、具体例の一つを紹介すると以下の通りだ。

◆勉強嫌い、口癖「だるい」
▲俺には俺のやり方
★数学の楽しさを伝える数学のお兄さん
●宿題しない、部活行かない、授業集中してない。そんな口癖「だるい」のダメ人間が、先生との何気ない会話がキッカケで、1回だけ頑張ろうと決意した! その結果、自分の中に変化が……。

そんな感じの紹介文に興味を引かれた生徒たちを前にして、担当の大学生たちはキーワードや絵などを書いたスケッチブックを片手に、自分自身の物語を語るのである。

「ナナメの関係」にある大学生の話は、高校生にとってなかなかに刺激的なようで、頬を紅潮させ、大きくうなずきながら物語に聞き入る高校生も多い。今村さんの表現を借りるなら、高校生の目がキラキラしてくるわけだ。

サンプリングを終えて、それぞれの班に戻ると、キャストのアドバイスのもと、サンプリングを体験した感想をワークシートに記入する。そして、ポイントである「その点数を上げるためには、今日から何ができる？」という質問に対する解答を探っていく。

おわかりのように、カタリ場の授業の主役は高校生だが、同じく主役をつとめるのは「キャスト」だ。

今村亮さんに誘われた稲葉さんは、そんなキャストの中心的な役割を果たしたのである。

学生に学生をマネージメントさせるという今村さんの試みは大成功だった。

「学生同士がお互いに刺激し合い、組織の雰囲気がとてもよくなりました。私が直接マネージメントをしていた頃とは違い、皆が楽しみながらカタリ場に関わる。〝やらされるのではなく、楽しいからやろう〟という空気がみなぎってきたのが大きかったですね」（今村さん）

とくに稲葉さんは、そんな学生のパワーを引き出してくれた。

今村・三箇山という創設メンバーのもとでは停滞気味だったカタリバの空気に、今村亮さんと稲葉さんという新たなメンバーが風穴を開けたわけだ。

営利部門と非営利部門を分けて考える

今村亮さんと稲葉さんという新戦力の加入によって、今村さんはカタリバの経営と営業活動に専念することができるようになった。

転機が訪れたのは2005年だった。

前年に実施した「無料授業」の成果が見えてきたのである。

その活動がメディアに取り上げられ、知名度があっという間にアップした。すると、こちらから営業活動をしなくても、授業の依頼が寄せられるようになった。そこで、2005年には一部有料化。2006年からは、すべてを有料化した。

やはりメディアの影響力は大きい。そしてメディアの側に立ってみれば、教育系のNPOというのは取り上げやすい。

2007年には、教育委員会からの予算獲得にも成功した。

この年、東京都では、学校教育に地域のコーディネーターが加わり、提案したプログラムを学校が取り込んでいくという「教育支援コーディネーター」制度を実施した。

3年間の期間限定ではあったが、カタリバはその認定コーディネーターとして予算を獲得することができたのである。

その結果、都立高校のカタリ場導入が一気に加速した。

2014年春の時点でカタリ場を導入している高校は、東京だけで140校。多すぎて依頼を断っている状況だ。

ただし、問題がある。

高校での授業は大した収益にはならないのである。

「高校での授業では大して稼《かせ》げないなということは、収入のない頃からわかっていました。かといって、稼がなければNPOを存続できないわけですから、いつもビジネス部門の拡充、つまり事業型NPOになる必要性を感じていました」（今村さん）

いくら優れたミッションを掲げていても、稼がなければそのミッションを存続できない。NPOは「稼いでナンボ」の側面を持っているのである。

といっても、カタリバが持っている唯一の経営資源は人材、それも高校生を支援したいというキャストの存在である。その経営資源を活用できて、なおかつ収益が上がる事業は何か？

模索した結果、カタリバが目をつけたのが専門学校だった。

具体的には、専門学校向けの「オープンキャンパス支援ビジネス」だ。

大手の専門学校ともなれば、100を超える学科を持っているところがある。学生に向けて体験授業やオープンキャンパスを設けて勧誘するのだが、やりたいことがいま一つ明確でない学生には、数が多すぎてどの学科が一番適しているかが判別できない。

そこにカタリバの食い込む余地があったわけだ。

「カタリバのキャストが受付業務を引き受けて、学生の希望をじっくりと聞き取り、体験授業につなげてあげるわけです」（今村さん）

この試みは4年間続いた。

「4000万円の収入のうち、2000万円が専門学校の仕事だったという時代が長く続きました」（今村さん）

専門学校からの受託事業が年間売り上げの半分近くに達したわけだ。

ところが、2008年、カタリバはこの事業から撤退している。

理由は、「本来のミッションとズレがあるのではないか？」という疑問を感じたからだ。

「私たちの引き受けたオープンキャンパスの支援事業は、確かに高校生の役に立ってはいますが、本来は専門学校の広報がこなすべき役割なのです。そして、カタリバの役割は広報ではない。あくまでも教育だったはずだと改めて確認したからです」（今村さん）

カタリバという団体は、利益を追求する株式会社ではなく、あくまでもＮＰＯ法人である。ＮＰＯ法人は、あくまでもミッションを基軸として運営されなければならない！

今村さんの決断は、三箇山さんをはじめ、すべてのスタッフに受け入れられた。

では、教育という領域で、どんな収益事業が考えられるのか？

ここで今村さんが新たに視線を向けたのが、大学と企業だった。

中退率を下げたカタリバのプログラム

いま、中堅以下の私立大学が抱えている大きな問題の一つに、中退者の増加があげられる。進学率の上昇にともない、大学に通う目的意識の薄い学生や、志望校に合格できず、不本意ながら入学してきた学生が次々に中退していくという現実だ。

ご存じのように、私立大学の経営基盤となるのは学生たちが支払う学費である。中退者が増加するということは、大学の経営危機につながるわけだ。そして中退者の一部が引きこもりになったり、フリーターになるという報告もある。今村さんは、「カタリ場なら、この中退者の増加に歯止めをかける役割をこなせるのではないか」と考えた。

折りしも、専門学校向けのオープンキャンパス支援ビジネスに見切りをつけた２００８年に、ＳＦＣ時代に世話になった加藤寛氏が、東京・小平の嘉悦大学の学長に就任した。ニュースでそのことを知った今村さんは、加藤学長に長い手紙を書いた。

「私たちは、中退者問題の解決に役立ちたい。いっしょに何かさせてください」

という趣旨の手紙だ。

すぐに加藤学長から連絡がきて、打ち合わせを重ねた結果、カタリバは嘉悦大学の初年次教育の支援をすることが決まり、入学した1年生３００名を対象に、４週間かけて４回のプログラムを行うことになった。その頃の嘉悦大学の中退率は30％に上っていた。新入生３００名のうち、90名が中退していく状況だったわけだ。私もその嘉悦大学に奉職しているのだが、１年生と接していると、他人と満足に会話が交わせない学生が少なくないことに気付く。他人とのコミュニケーションがうまくとれない若者が増えている。

他人とのコミュニケーションがとれないから、大学で孤立してしまう。それが中退につながる。仮に、なんとか4年間を過ごせたとしても、他人とのコミュニケーションがとれないのでは、就活どころではない。受け入れてくれる企業は少ないはずだ。

そんな学生たちの「コミュニケーション力」をアップさせるために、カタリバが組んだ4回にわたるプログラムは以下の通りである。

◆1回目

まず自分自身を見つめ直し、自分のことを洗い出してもらう。

◆2回目

高校生を対象にした「サンプリング」を、ここでも行う。キャストが、自分の物語を語るわけだ。

◆3回目

小さな目標設定をして、1週間、何かにチャレンジすることを決める。

◆4回目

そのチャレンジを振り返りながら話し合いをして、「大学生活でこんなことをしてみたい」という自分のストーリーを作り、皆の前でプレゼンテーションをする。

学生たちに動機づけをしてあげるというこのプログラムはなかなかに効果的だったようで、カタリバがかかわってからの1年間の中退者は、学校側の努力もあり、減少傾向にある。

このカタリバの成功事例は大学業界で大きな話題となり、今村さんは「キャリア教育学会」、「教育心理学会」に招かれて講演をした。

そして、2010年になると「カタリバの手法を実験的に取り上げたい」と複数の大学が手をあげた。どの大学も、中退者問題には頭を悩ませていたのである。

大学の教育というと、「金融教育、経済教育、国際政治教育」などと大上段に振りかぶって考えることが多いが、それらは一定レベル以上の学生には有効であっても、それ以下の学生には拒絶反応を起こされることが多い。「勉強をしましょう」と語りかけても、聞き流すだけだ。

カタリバはそのあたりのことがよくわかっていて、授業のテーマはあくまでも自分自身のことである。自分のことだから、誰よりも自分がよくわかる、いわばソフトなテーマである。

自分をテーマにして、とにかく会話の輪に参加するように持ちかける。そして他人の話に耳を傾け、自分からも話をするように上手に誘導する。要するに「コミュニケーション力」を身につけさせるわけだ。

この「コミュニケーション力」は、実は一定レベル以上の学生にも欠けている。それ以下の学生はさらに欠けている。つまり、すべての学生に欠けているということ。それがカタリバの成功の要因だと考えられる。

病院の看護師、企業の社員の離職率を低下させたカタリバのプログラム

カタリバのもう一つの新事業が、企業向けのプログラムだ。

その頃、今村さんは、ある病院の理事長と知り合った。

高校や大学での実績を話しているうちに、理事長は、身を乗り出すようにして、「実は、うちも同じような問題を抱えているんだよ」と、カタリバのプログラムに興味を示した。

大学が中退者の増加に頭を悩ませているのと同じように、その病院も看護師の離職率の高さに頭を痛めていたのである。

辞める人が多いと、どうしても病院内の雰囲気が悪くなり、採用費の負担も重くなる。

そこで、「病院職員のための動機づけの教材を作ってくれないか」というオファーを受けた。

今村さんはまず、たんねんに現場のリサーチをした。看護師長とはディスカッションを繰り返したし、現場を知るための職場体験も行った。その結果、この病院の問題点が見えてきた。

要は、看護師同士のコミュニケーション不足である。

「やる気を持って新しく入って来た看護師さんも、ベテランに遠慮してものを言わないから、どうしても不満が鬱積してしまう。ベテランはベテランで、新しく入って来た看護師さんに伝えたいことがあっても、その表現の仕方がわからない。要はコミュニケーション不足なのです」（今村さん）

コミュニケーション力の不足。それが、大学では中退につながるし、病院では看護師の離職につながっていたのである。コミュニケーション不足を解消させるため、今村さんは、「コミュニケーション研修」を提案した。

同病院の職員数は40名。その中でカギを握るのはマネージャークラスだと感じていた今村さんは、中堅職員12名と経営者・理事長の計14名を対象に、1泊2日の泊まり込み研修を行った。「会場はホテル。プログラムは、強味・弱味がテーマの自己分析と他者分析。それをキッカケとし、最終的に落としどころとして、職場への思いや自分が考える理想の職場像を引き出すというプログラムです」（今村さん）

1泊2日の研修が終わりに近づいたころ、突然、参加者の一人が泣き出した。聞けば、彼女は辞表を用意してこの研修に参加したのだという。その他にも2人の参加者が辞表を用意して研修会に参加したことがわかった。辞めることを覚悟し、それでも一縷《いちる》の望みを託して参加したわけだ。泣き出した女性は、

「自分は経営陣に認められていないと思っていました。関心を持たれていないと思ってたから、相談もできなかった。でも、今回の研修で、実は意思疎通がうまくいってなかっただけだということがわかりました」

涙ながらにそういった。

最後に、〝ありがとうカード〟に記入してもらい、それぞれ感謝したい相手に手渡すという儀式を行ったところ、カードのやりとりをしながら、いつしか参加者全員が涙を浮かべていたのだという。

このとき今村さんは、このプログラムに強い〝つかみ〟を感じたはずだ。今村さんは「人材開発顧問」としてその病院と契約を結び、月に一度のコンサルティングと研修企画とを行った。

この社会人向けプログラムは2年弱に渡って行われ、自分たちのスキームはビジネスフレームの中でも活用できるということが確認された。

第5章

「カタリバ」と「ティーチフォージャパン」が合体した新しいスタイルの「私塾」の登場が望まれる

NPOに再びスポットを当てた東日本大震災

1995年の阪神淡路大震災と、2011年に起きた東日本大震災が、日本のNPOにとっての大きな弾みになったのは間違いのないところだ。

まず、阪神淡路大震災時の現場での混乱が、NPOの必要性を強く認識させ、それが1998年の「NPO法」の制定につながった。

当時、なかなか就職が決まらなくて、「NPOに就職したい」と、私のところに相談にやって来た学生もいたが、私は彼らに、「まずは企業の営利部門で働いてみて、それから改めて考えなさい」と、とりあえずは一般企業に就職することをアドバイスしたのを覚えている。瞬間的に認識はされたものの、当時は、NPOという存在が完全な市民権を得たとは言い難い時代だった。

カタリバの今村さんも次のように言う。

「私たちが2001年にNPOを立ち上げたとき、親の反対と、親戚のところに行けないというのが一番の悩みでした。慶應まで出したのに恥ずかしいということで、親は周囲に対しては、アルバイトなのに〝リクルートに就職した〟と言っていたほどで、しばらくは帰ってくるなというオーラが出ていました」

阪神淡路大震災の16年後、２０１１年に東日本大震災が起きた。

それをキッカケとして、ＮＰＯに新たなムーブメントが見られた。

阪神淡路大震災で一度はＮＰＯに対する関心を喚起された人々が、その後10年余りを企業の営利部門などで過ごし、スキルアップしたところで起きた東日本大震災。そこで再びＮＰＯに対する関心が喚起され、以前と比べると魅力的なＮＰＯ法人が増えたという要因も追い風となって、

「会社をやめてＮＰＯに転職しよう！」

という動きがみられたのである。

「東日本大震災以降は、ＮＰＯという団体に興味を持ってくれる人の質が変わったような気がします。それまでは、どちらかといえば〝夢追い系〟が多かったような気がしますが、震災以降は一流企業で働いていたような人が、ネガティブな意味ではない転職先としてＮＰＯを考える時代になっています。中には給料が下がっている人もいると思いますが、それであっても、自分の大切な時間を何に使おうかと思ったときに、ＮＰＯを選んでくれる人が増えてきている

という実感がありますね」（今村さん）

たとえば、前章で紹介した今村亮さんは、いったんはカタリバを離れて大手の印刷会社に就職。トップ営業マンと評価されていたが、その座を投げ打って、カタリバに戻ってきた。現在、カタリバの事務局長をつとめている岡本拓也さんは、外資系コンサルティング会社からの転職組だ。

「人材の質が変わってきているな、波がＮＰＯに寄せてきているなという手応えは、実は東日本大震災前からありました。とくに外資系の人たちからの流れが寄せてきているなという実感がありました」（今村さん）

一例として、カタリバの事務局長である岡本さんが代表理事を兼任している「ＳＶＰ東京（ソーシャルベンチャー・パートナーズ東京）」という団体があげられる。

ＳＶＰ東京は、外資系企業で働いているビジネスマンが中心となって、２００３年に創設されたＮＰＯ法人である。

ここでは、各人が年間10万円をＳＶＰ東京に出資し、その年に支援したいＮＰＯを選ぶ。同時に、公認会計士や弁護士といった自分たちの専門的なスキルをお金と一緒に寄付する。要するに、これはと思うＮＰＯに対して資金提供と経営支援を行うという仕組みの団体だ。

この活動がスタートしたのは、アメリカ・シアトル「ソーシャルベンチャー・パートナーズ・

インターナショナル（SVPI）」のビジネスモデルが日本にも上陸したわけだ。
お分かりのように、グローバルな流れの中で新しい形のNPOが注目されていたところで、東日本大震災がさらにNPOを後押ししたことになる。

女川町と大槌町で放課後学校を運営

東日本大震災が起きたのは2011年の3月11日だが、その約1ヵ月半後の4月末、今村さんは岡本さんとともに被災地に入り、数日間滞在した。そのとき発案したのが「ハタチ基金」の創設と、「コラボ・スクール」だった。

ハタチ基金の方はその名称が示すように、「東日本大震災で被災した子供たちが、無事にハタチを迎えるその日まで」の思いを込めて、被災した子どもの心のケアに合わせ、学び・自立の機会を継続的に提供するという基金だが、当時のカタリバはまだ「認定NPO」にはなっておらず税控除を受けられなかったので、日本財団の中に基金を作ってもらった。

震災をキッカケとしたNPOブームが追い風となり、「ハタチ基金」にも多額の寄付金が集まった。

それをもとに宮城県女川町《おながわ》と岩手県大槌町《おおつち》で、小中高校生に学習指導と心のケアを行う放課後学校「コラボ・スクール」を開設した。

女川町のスクールは避難所として使われていた校舎を借り受けたもので、「女川向学館」（2011年7月設立）と名付け、同じく岩手県大槌町の「大槌臨学舎」の方は、多くの支援も受けて、町の公民館や中学校、お寺や神社などを借り受け、同年12月にスタートした。

これは被災地の子供たちの学びの場であるとともに、ある種のコミュニティの役割も果たしていて、現在では町の6～7割の子供たちが通っている。指導するのは職員と学生インターンだ。

女川町の場合は、津波で学習塾を流されて失業していた塾の先生方とも雇用契約を結び、教壇に立ってもらっている。震災前には11ヵ所あった学習塾のうち、10ヵ所が波に流されたのである。

この放課後学校のおかげで、地元の生徒たちの学習時間がアップした。

2011年度を例にとれば、カタリバは約310名の学習指導をしているが、女川向学館に通う生徒たちのアンケートでは、震災直後に比べると勉強時間の平均がが約2・7倍にアップしているし、大槌臨学舎でも震災後の8月と比較して、設立後には、1週間の勉強時間が約9時間（約2・8倍）増加した。

コラボ・スクールの設立と運営のために、今村さんは長期間大槌町に滞在したし、今も頻繁に通っているが、そこで、地縁関係が濃い地域で暮らす人々の温かさと残酷さを痛感したという。

カタリバの活動をものすごく喜んでくれる人々が多いのはもちろんだが、中には、
「震災で名前を上げて目立ちたいだけでしょ」
「あんたたちは、結局、震災を利用してるんでしょ」
などという皮肉をわざわざ口にする人がいるそうだ。これは、地縁関係が濃い地域で暮らす人の特色で、要するに出る杭《くい》は打たれるのである。

これから、地方でNPO活動を始めたいと志している若者に、今村さんは次のようにアドバイスする。

「とくに地方で活動していると、どうしても出る杭は打たれるという体験をすると思います。それでも、受益者の方々の声や、声なき声を多く聞き、理解することを主軸として、外野の声はあまり聞かないようにすることが大切だと思う。動じない強さが求められると思う。ミッシ

ヨンを忘れずに、粘り強く続けることが大切です」

2013年春、認定NPO法人となったカタリバ

震災以降、カタリバに寄せられた寄付金は2億円余りに上った。

寄付者の数や寄付金の額が増えるに従って、責任が重くのしかかってくる。

「1000円寄付した人であっても、ものすごく貢献したという気持ちでカタリバの活動に注目します。だから、私たちが説明責任を果たせないようなことをしたら、お叱りの声をいただくことになります。会計報告も絶対に手を抜けない。カタリバは〝こんなに会計報告をやっているNPOは他にないんじゃないか〟と自負できるくらいに、細かく会計報告をしています。たとえば東北復興支援でいただいたお金は、絶対に他のことに使ってはならない。お金に色はついてないのだから、このくらいいいじゃないかとつい思いがちですが、とにかく1円単位まで細かく分けて会計報告をしないと、認定NPOはとれません」（今村さん）

カタリバが「認定」を取得したのは2013年6月である。

それまでも何度か申請したが、「エッ、そんなことまで！」と思えるような細かなことまでチェックを受けたそうだ。

たとえば、カタリバが主催するイベントへの招待。

カタリバはイベントを催すときに、寄付者の方々に「ご招待」ということで案内状を出していた。すると、認定ＮＰＯ申請窓口の担当者に、

「寄付というのは純粋で、見返りを期待しないものでなくてはならない。寄付者が利益を得てはならない。招待状を送るということは、それを目指して寄付する人がいないとは限らないと解釈される」

などと指摘され、認定が通らなかったこともあるという。

前述したように、東京都はオウム真理教で失敗しているためか、とくに「認定」に厳しいところがある。根掘り葉掘り聞かれて嫌になり、認定をあきらめたというＮＰＯ法人も少なくない。

東京で認定の数が増えないから、どうしても全国的に認定の数が伸びない。

私が見たところ、東京だけで、いつ認定されてもおかしくないしっかりとした理念と事業内容のＮＰＯ法人が１００団体以上はある。

全国に広がるカタリバの事業

現在のカタリバは、正職員と学生インターンを含めると約80名の陣容である。

その他に、全国で展開しているカタリ場事業がある。

首都圏を中心にして行っていたカタリバの授業が、行政機関や教育関係者を中心に広がっていき、

「自分たちもカタリ場をやりたい」

という要望が全国から寄せられた。それらの要望に応えて、カタリバは研修や人材派遣、ツール提供などを通じてノウハウを移転してきた。

その結果、以下のカタリ場が誕生した。

◆沖縄カタリバ（NPOカタヤビラ）

2008年に、沖縄国際大学の2名の女子学生によってスタートした。「カタヤビラ」は

沖縄方言で「語り合いましょう」の意味。

◆関西カタリバ（NPO法人ブレーンヒューマニティー）

西宮市で展開するNPO法人「ブレーンヒューマニティー」が、神戸市からの委託事業を採択されたことをきっかけに、2011年度から関西地区でのカタリ場事業が始まった。

◆カタリバin宇和島

NPO法人「Eyes」の代表（当時）が、高校生に自分の体験を語る先輩側の研修効果や、対話を通した地域活性効果に着目して2011年にスタートさせた。

◆カタリバ北海道（NPO法人いきたす）

NPO法人「CAN」の一事業として、地元北海道の高校生向けのキャリア教育の貢献のためにカタリ場がスタート。2014年からはNPO法人「いきたす」に事業移管。

カタリバ本部（杉並区）は各種ノウハウを提供し、これらの団体が「カタリ場」という事業で自活していけるように支援をしている。

いま、教育系NPOの「ティーチフォージャパン」が面白い

教育系の中では最も新しいNPO法人で、関係者の間で評判になっているのが「ティーチフォージャパン（TFJ）」だ。

カタリバは「コミュニケーション力のアップ」を主眼に置いた団体だが、こちらのテーマはあくまでも「勉強」である。

すべては、代表理事である松田悠介氏が留学先のアメリカ・ハーバード大学で、教育系NPO「ティーチフォーアメリカ（TFA）」の創設者であるウェンディ・コップ女史に出会ったことに始まる。

ニューヨーク州に本部を置くTFAは、アメリカ国内の一流大学の卒業生を、教員免許の有無に関わらず、大学卒業から2年間、国内各地の「教育困難地域」にある学校に常勤講師として赴任させるプログラムを実施している。種々の理由で教育レベルが低下している学校に、独自のプログラムを携えた講師を派遣して、学力の向上をはかるわけだ。

このプログラムの出発点となったのは、プリンストン大学4年生のとき（1989年）にウェンディ・コップ女史が書いた卒業論文である。

大学を卒業したコップ女史は、プログラムを現実のものにしようとアメリカの大企業を中心に寄付を募った結果、モービル石油、ハーツレンタカー、モルガン・スタンレーなどから2万6000ドルの資金と事務所、自動車6台の提供を受けてプログラムをスタートさせた。

そのミッションを一言で表現するなら、「公教育」の立て直しである。

アメリカに限らず、イギリスでも日本でも、とくに教育困難地域、つまり貧困層の多い地域にある学校では、子供たちの基礎学力の低下が深刻な問題となっている。

この現状をなんとかしなければと、コップ女史は基礎学力を引き上げるための教育処方を開発したわけだ。自分たちの手で大学を卒業した学生たちを育成し、少なくとも2年間に渡って「教育困難地域」に派遣。子供たちの基礎学力をアップさせるという、いわば公教育の中の「塾」である。

1990年、コップ女史はTFAの講師役をつとめる大学卒業者の第1回目の募集をかけた。すると、定員500名に対して4000名弱の応募があった。

転職が当たり前のアメリカでは、最初の就職先を自分のキャリアアップの場と考える学生たちが多い。TFAは自分たちの最初のキャリアアップの場としてふさわしいと、学生たちに評価されたわけだ。

応募者4000名という実績を武器として、コップ女史はさらに大企業、資産家からの寄付を募った。その結果、アップルコンピューター、ロス・ペロー、ユニオン・カーバイト、ヤングアンドルビカムといった大企業、資産家から250万ドルの寄付を獲得し、1991年には実際に公立学校に講師を送り込んだ。

TFAのプログラムにより、教育困難地域の子供たちの基礎学力がめざましく向上し、なによりプログラムを指導する講師たちの優秀性が認められたことから、TFAの評価が高まり、アメリカの「ビジネスウィーク誌」調査による文系学生の就職先人気ランキングで、グーグルやアップルを抑えて第1位となった（2010年）。

TFAは子供たちの基礎学力をアップさせるだけでなく、講師のキャリアをアップさせるという役割も担っているわけだ。

このプログラムに採用される学生の半数がエール大学、コロンビア大学、シカゴ大学、UCLAといった名門大学の出身であり、TFAでの2年間を体験したOBたちは、教育界はもちろん、各界で活躍中だ。

TFAによる教育改革の試みは世界が注目し、今や世界30ヵ国で「ティーチフォーオール」として展開されている。

体育教師や教育委員会勤務などを通じて、かねてから教育のギャップや教員の多忙化、教員の採用・育成に関する問題意識を持っていた松田氏は、２００８年に創設者のコップ女史に出会ったことにより、このモデルを日本に取り入れようと決意した。

その意味では、ＴＦＪ（ティーチフォージャパン）は海外コピー型の教育系ＮＰＯだ。

各学校現場にＴＦＪフェローを派遣

帰国した松田氏は、前出の「カタリバ」・岡本さんと同じように外資系コンサルティング会社に勤務した後、同志たちとともに「ティーチフォージャパン準備会」を設立し、世界にネットを張る「ティーチフォーオール」に加盟するため、団体の基盤づくりとビジネスプランの設計をした。

２０１０年にまずは「学習支援事業」をスタートした。

これは社会福祉士、ケースワーカー、教育委員会と連携して、放課後を活用した学習支援プログラムを行うもので、「TFJフェロー」と呼ばれる教師が10名、生徒30名からスタートし、現在は年間40拠点、298名のフェロー、831名の児童生徒という規模にまで発展している。

2011年にはTFJフェローを学校現場に赴任させる「ネクストティーチャープログラム」のパイロット版プログラムを、提携先の教育委員会と一緒に実現。フェローたちは放課後学習の担当者として、家庭や学校などで様々な問題を抱える子供たちと向き合い、「教師」として指導するというシステムが完成した。

こうした実績により、2012年には「ティーチフォーオール」のネットワークに加入することができた。

翌年には「ネクストティーチャープログラム」の第1期生の派遣がスタートし、選抜を通過した11名のフェローたちが、関西・関東の小中学校で赴任を開始。授業の主担当、あるいは副担任として子供たちと向き合っている。

フェローたちは少なくとも2年間に渡って各学校現場にフェロー（教師）として配置され、現場の課題解決をするというプログラム。おわかりのように、モデルは本家アメリカのTFAのノウハウだ。

ＴＦＪフェローと呼ばれる教師にはもちろん大学生もいて、希望する者は、まずはＴＦＪの選考を通過してフェローに認定されなければならない。

大学生の選考はＴＦＪが独自に開発した以下の10の観点に基づいて行われる。

1　ミッション達成への決意、挑戦する姿勢
2　振り返り、内省力
3　影響力、他者への動機づけ
4　柔軟性、状況への適応能力
5　多様な他者との関係構築、共感力
6　計画性、効率性を追求する姿勢
7　課題解決能力
8　リーダーシップ経験
9　粘り強さ、忍耐力
10　積極性、決断力

こうした能力が書類審査、筆記試験、集団討論、プレゼンテーション、個人面接などを通じ

て行われる。

選考通過者には赴任前研修に参加する権利が与えられ、さらに赴任前研修の最後に研修中の成果を評価。その上でフェロー認定の可否を判断するという流れだ。

本家・アメリカのＴＦＡで講師役を務める学生の多くはエール大学、ＵＣＬＡという名門大学の出身だが、ＴＦＪのフェローもかなりの狭き門である。


フェローに認定された学生たちはＴＦＪが提携している学校に派遣され、放課後や週末を活用してさまざまな困難を抱えた子供たちの学習支援を行う。教師として指導することで、子供たちの学習遅延の解消や、自己肯定感、自己効力感の向上を目指すわけだ。

指導は基本的に個別指導の形をとっていて、コースは大きく分けて長期プログラム（春季、秋季、冬季に計2〜3ヵ月）と、短期プログラム（夏季休業期に5日間）とが行われている。

学生フェローは、その経験を通じて、将来、教育現場や社会でリーダーシップを発揮できる人材になれるよう、自分自身を磨く。プログラム終了後は様々な進路に進むが、それぞれの分野でリーダーとなり、そのネットワークによって社会的なムーブメントを起こすことを期待されている。

このあたりもアメリカのＴＦＡと同じ考え方だ。

上手にニッチを探せ！ただし現場の抵抗は覚悟しておこう

ティーチフォーオールの活動が世界30ヵ国で展開されていることからもおわかりのように、子供たちの基礎学力の低下は世界的な問題である。

イギリスでは、サッチャー首相のときに公教育界の大改革を実施した。経営者も校長も教員もすべて民間から導入。中身をすべて入れ替え、公教育界に競争の原理を持ち込むことにより、子供たちの基礎学力の向上をはかったのである。いわば公教育の私学化だった。

ところが日本では、ご存じのように校長だけを民間から引っ張ってきた。

しかし、校長一人に「なんとかしろ」と改革を押し付けてもしょせんは無理があるわけで、中には校長がうつ病になり、自殺に追い込まれたケースもある。

どの分野を見渡しても、日本は中途半端な改革しかできない。ドラスティックな改革ができない。そこにＮＰＯの食い込む余地がある。

とくに教育系NPOにはチャンスがある！

「年収が高い家庭の子供は学力が高い」

という調査報告がある。

大学界を見渡してみても、親の所得格差によって教育格差が生まれているのは明白な事実だ。たとえば、東京大学が在校生の家庭状況を調査した『２０１０年学生生活実態調査の結果』（２０１１年12月発刊）によると、世帯年収９５０万円以上の家庭が51・８％に上るという結果が報告されている。一方、厚生労働省の発表によれば、日本の世帯平均は約５５０万円。東大生の半分が日本の平均世帯年収の２倍以上を稼ぐ家庭の子供たちだということだ。

同じく、東大家庭教師友の会が現役東大生２７７人に行ったアンケート調査（２００９年２月実施）によると、「学習塾に通った経験がありますか？」という問いに対して、85・９％の学生が「ある」と回答し、また、「学習塾が必要だと思った時期はいつですか？」という問いに対しては、33・６％の学生が「中学受験時」と答えている。

小学校で生じた学力差は、中学につながる。その学力差は高校で拡大し、大学ではさらに広がる。そこでは「塾」の果たす役割が軽視できない。そして、塾の費用を払うのは親である。

いわゆるEランク、Fランクの私立大学には、学費未納で中退していく学生が少なくない。

親が倒産したり、リストラされることにより、子供の学費が払えなくなり、意に反して退学していくわけだ。

おわかりのように、親の所得が幅を利かせすぎている。いい悪いは別にして、これが日本の教育界の実状である。

そうした所得の低い家庭の子供たちにも「塾」で学ぶような機会を与えてあげる。補修をしてあげるというのが「ティーチフォージャパン」の試みだ。

ただし、ティーチフォージャパンにはまだ公的機関からの補助金は出ておらず、企業からの寄付金と受講生のわずかな月謝で賄《まか》っていると聞く。

その教育手法は独特であり、なかなかの評判を呼んでいるようだが、現場教師の抵抗も強い。

たとえば高校で授業をするような場合、

「科目の授業に参入するのはダメだが、総合学習ならいい」

などということを言われるのだ。

要するに、現場の先生が受け持っている専門的分野以外なら教えてもよろしいということだ。

教育界には、教育系NPOが入り込めるニッチはまだまだたくさんある。上手にニッチを探すことだ。

ただし、新しく始めようとすれば、間違いなく現場の抵抗を受けることは覚悟しておいた方がいい。

実は私たちもいま「経済知力フォーラム」という名のＮＰＯ活動を行っていて、中学・高校、あるいは大学予備校などの地域の教育機関と共同で、わかりやすい「経済」の授業を展開している。

講師は敬愛する竹中平蔵教授をはじめ、大学に籍を置く専門研究者だ。

とくに中高生が「経済」について考えるキッカケになればと思って活動しているのだが、現場では、教員の間から、

「社会の先生ができることをどうして外注するんだ！」

という声があがることがある。

既得権益を侵害されたくないとナイーブになるのは、政治家も官僚も、そして高校の先生も同じなのである。

私たちは、

「大学でどんなことを学んでいるかを含めて教えたい」

と説得するのだが、教育現場の抵抗はかなり強いものがある。

しかし、中には私たちの理念に共鳴してくれる校長もいるわけで、「カタリバ」代表の今村さんが言うように、ＮＰＯは「とにかく続ける」ことが大切だ。

カタリバとティーチフォージャパンが合体したような学校が望まれる

日本には文科省というやっかいなお役所があるため、学校というとどうしても「学校教育法」にのっとったカリキュラムを組まなければならない。

私は、教育系NPO法人はまず「塾」を目指すべきだと思う。

塾という言葉は少し前だと右翼を連想させるが、私がイメージするのは右も左もなくて、人間を育てるための塾だ。

慶應義塾はもともとは私塾であり、塾が育って文科省が定める学校となった。根底にある精神は「人間を育てる」である。

日本で塾といえば松下政経塾が有名だが、松下幸之助はなにも政治家ばかりを育成したいという志でこの塾を創設したわけではない。人間を育てるために作った塾だと思う。

その意味では、「カタリバ」はコミュニケーション力をつけることにより、今の子供たちが普通に学び取れなかったものを引き出してあげようとしているわけで、ソフトな人間教育の場だといえる。やわらかくてとっつきやすいテーマの授業の場を設けて、子供たちが参加しやすいようにして、自分から語る能力を引き出してやる。そこが面白いところだと思う。

一方の「ティーチフォージャパン」は、基本的に勉強の場。公教育が備えていない勉強の部分を補いましょうという発想だ。

私はこの2つの教育系NPOが合体したような「私塾」ができると面白いと思っている。自由な発想で授業を施すというカタリバの基本構想の中に、ティーチフォージャパンの勉強が入っていくわけだ。

そんな私塾が登場し、慶應義塾が私塾から学校になったような感じで、学校に昇格することを期待する。

第6章

町づくり系NPOの代表は地域の「文句言い」が好ましい！

コミュニティビジネスの新拠点「ハタラボ」は
小平の学園坂商店街にある

Mystyle@こだいら代表理事の
竹内千寿恵さん
(「ハタラボ」にて)

NPO法人 MyStyle@こだいら

設立日	2006年6月
代表者	代表理事・竹内千寿恵
主な事業内容	地域密着のコミュニティビジネス中間支援組織として、自分らしいスタイルで働くワーク・ライフ・バランスの実現と、地域社会の活性化に寄与する
事務所	東京都小平市小川町2-1326-7　ウィステリア・アベニュー103号
HP	http://mystylehatarabo.wix.com/hatarabo

養蚕農家と庄屋さんとNPO

町づくり系ＮＰＯの説明をするとき、私がよく引き合いに出すのは養蚕《ようさん》農家と庄屋さんの関係だ。

30年くらい前までは、山村に行けば、たいてい数軒の養蚕農家があった。耕作にふさわしくないやせた土地であっても、桑の葉は育つ。それを餌にしてカイコを飼ってほどよく養生させれば、やがて繭《まゆ》を産生する。

これを紡《つむ》いだ繊維は製糸工程に回され、やがて絹織物となる。それが町に運ばれ、反物として販売される。品質の良いものは「名産」「特産」と評され、全国的な需要が生まれる。

山村のやせた土地を起点として一つの産業が出来上がり、養蚕農家には貴重な現金収入がもたらされたことになる。

まさに「お蚕《かいこ》さま」である。

しかし、山村の農民に最初から養蚕の知識があったわけではない。

そこで登場するのが、村のカリスマ的な存在である庄屋さんだ。

庄屋さんもさまざまだが、中には知恵のある庄屋さんがいる。

知恵があり、「心ある庄屋さん」なら、その土地がやせていれば農家に桑の栽培と養蚕を奨励し、現金収入への道を開いてあげて、農家を自立の方向へと上手に導く。その結果、山村の経済が活性化したのである。

ここでいう庄屋さんの役割を果たすのが町づくり系NPOだ。

庄屋さんに代わって町おこし、村おこし系のNPOがコミュニティに知恵を与えて活性化させ、地域経済を拡充させることになる。

ただし、かつての町おこし系NPOは、「稼《かせ》げるNPO」という意識はあまりなく、ただただコミュニティの活性化を目的とするものが多かった。中心となって出資したのは、地域の資産家、いわば分限者の庄屋さんだ。

しかし、最近になって、どの団体も「利益があがることを目指さないと、目的が達成できない」というNPO運営のツボを心得てきたようである。

町づくり系NPOの代表は「文句言い」が好ましい

町づくり系NPOは最近ちょっとしたブームになっていて、全国各地に見受けられる。本来は、先に紹介したような「グラウンドワーク・ファンデーション」や「カタリバ」、「ティーチフォージャパン」のように、環境や教育などに特化した「コンサル提言型」が好ましい。行政にも自覚を促したいのだが、橋を作る、あるいは道路を作る、さらには駅前再開発をするようなとき、安っぽい樹木を並べたり、どこかの町の実績をコピーするだけではなく、そうした「コンサル提言型」のNPOに一度投げてみて、新しい風を入れてみるべきだろう。

どの町も同じ貌《かお》をしていたのでは、面白みに欠ける。

たとえば、駅前再開発をするのなら、カラフルなヨーロッパ風テント張りの小さな露店を並べる一角を用意する。あるいは四季の草花を楽しめる花壇のスペースを設ける。そんなちょっとしたアイディアを取り入れるだけで、町の貌がガラリと変わることもあるはずだ。

ドイツ中部の町・ハーナウを起点に、北部の都市・ブレーメンを経てブレーマーハーフェンまでを結ぶ「メルヘン街道」は、観光道路として世界に知られた存在だが、最初はハーナウに住む一市民が、周囲の人々に、

「窓際に花を置きませんか?」

と提案したのが始まりだと聞く。

この提案に多くの市民が賛同し、窓際の花が周囲に広がっていった。

そして、たまたまハーナウという町がグリム兄弟の故郷であったことから、グリム兄弟とその童話や伝説の地を結ぶ全長600キロの「メルヘン街道」が誕生したのである。

その最初の提案=市民の声というのが、本来、町づくり系NPOが果たすべき役割だと思う。もちろんそのNPOは、「将来、観光道路化する」というミッションを思い描いていなくてはならない。

町づくりをするために地域住民の意見調整をするというのも、町づくり系NPOの重要なミッションである。

実際にNPOが地域住民の意見を調整し、町づくりに大きく貢献したのが阪神淡路大震災後の神戸市だ。

神戸市のA地区には、震災以前の昭和30年代から区画整理事業の青写真があった。区画整理のためには、住民の一部に立ち退きをお願いしなければならない。ところが住民の一部が「ノー」といえば、強制的に立ち退かせることができない。そのため、区画整理事業は遅々として進まなかった。

そこに起きたのが阪神淡路大震災だ。

震災で一気に焼野原となったため、改めて立ち退き移転のお願いをする必要がない。建築申請が来ても「不許可」にしておけばいいわけだ。

しかし、ことは思い通りに運ばなかった。

土地の拠出を承諾する住民がいた一方で、一部の住民が土地の拠出を拒んだのである。

そのため、行政側も2年間はA地区の焼野原には手を付けられなかった。

そこに登場したのが町おこし系のNPOだ。

NPOが住民の意見を調整したのである。

結果的には、

「自分たちだけが損をするわけではない」

「これはコミュニティの発展につながる計画だ」

と、反対していた住民も土地の拠出に納得し、都市計画が進んで町は復興していった。

このNPOの代表をつとめていたのは、いわゆる地域の顔役、関西弁でいえば「文句言いのおっさん」である。

どの事例もそうだが、町づくりNPOは行政がいくらお金を出しても、ある前提条件がなければたいていは失敗する。

その前提条件となるのは、「人」だ。

中心となる人にカリスマ性があり、みんなを巻き込める魅力を備えているかどうかにかかっている。できれば、モンスター型ではない「文句言い」が好ましい。

中間支援系の町づくり系NPO

私の奉職する大学がある東京・小平市《こだいら》にも、町づくり系NPOの一つである「マイスタイル@こだいら」がある。

小平市とその周辺の地域社会で、自分らしいスタイルで働く「ワーク・ライフ・バランス」

の実現と地域社会の活性化、及び暮らしやすい町づくりに寄与することをミッションに活動しているNPO法人であり、具体的には以下のような活動をしている。

◆対市民

「地域活動を始めたい」「コミュニティビジネスをもっと知りたい」「コミュニティビジネスを自分も始めてみたい」という市民の相談に乗り、具体的なサポートをする。

◆対NPO

「自立した活動をするために、事業を充実させたい」「行政や企業と連携するための説得力のある企画、提言を行いたい」「組織のマネージメント力をつけたい」などというNPO法人にアドバイスを行う。

◆対行政

「コミュニティビジネスを推進するための地域調査を行いたい」「市民との協働のためのコーディネートを頼みたい」「行政内部、市民対象のコミュニティビジネス講座を実施したい」などという要望に応える。

◆対企業

「社会貢献事業のニーズをつかむための調査を行いたい」「市民、NPOとの連携事業のコーディネートを頼みたい」「企業内部のコミュニティビジネスへの理解を深めたい」などといった企業のニーズに応える。

お気付きのように、マイスタイル@こだいらは町おこし系のＮＰＯであると同時に、のちに紹介する「中間支援系ＮＰＯ」の役割も果たしている団体だ。

具体的な活動例として、２０１３年11月24日に小平市健康センター視聴覚室で開催された「こだいら未来会議」の様子をお伝えしよう。

文字通り、「こんな未来をつくってみたい」をテーマに、小平市の未来について語り合ったワークショップで、20代〜70代まで幅広い年齢層の市民65名が集まって行われた。

会場では、参加者４人が１組の班になって着席。どの席に座るかは、受付時のくじ引きで決められた。

席が決まると、チェックイン。

司会役の指示に従って、参加者はそれぞれの名前や肩書、「どうしてこの会議に参加しようと思ったのか?」を、それぞれの班のメンバーに話した。気持ちの共有を生み、場の空気をやわらげるというのがチェックインの目的だ。

Mystyle@こだいら

市民なら

- まずは地域活動を始めてみたい
- コミュニティビジネスをもっと知りたい
- コミュニティビジネスを自分も始めてみたい

⇨ 講座・イベント
相談
市民サポーター

NPOなら

- 自立した活動をするために事業を充実させたい
- 行政や企業と連携するための
説得力のある企画、提言を行いたい
- 組織のマネジメント力をつけたい

⇨ 講座・イベント
相談

行政なら

- コミュニティビジネスを
推進するための地域調査を行いたい
- 市民との協働のためのコーディネートを頼みたい
- 行政内部、市民対象の
コミュニティビジネス講座を実施したい

⇨ 地域調査講座
事務局運営

企業なら

- 社会貢献事業のニーズをつかむための、
調査を行いたい
- 市民、NPOとの連携事業の
コーディネートを頼みたい
- 企業内部のコミュニティビジネス理解を深めたい

⇨ ニーズ調査
事務局運営講座

& ALL

- 地域情報を得たい、地域に情報発信したい

⇨ 地域ポータル
サイト

会議の導入として、この日のゲストである子育て真っ只中の女性が、自分たちはどのようにして地域に根差したコミュニティを作ったかという体験談を披露。そこには、「自分もコミュニティビジネスを始めたい」と望む一般市民にとってのさまざまなヒントが宿されていたのは改めていうまでもない。

休憩をはさんで、第2部のスタート。

ここからは5～6名のより大きな班に分かれて、主体性と創造性を高めることを目的とした「ワールドカフェ」が始まった。

「ワールドカフェ」で語り合うテーマは、「5年後の小平。この町の自慢は何か?」である。話をしたい人は、白紙のキャンバスの上に置かれた置物(トーキングオブジェクト)を手にして発言するのがルールだ。

この場で、それぞれの参加者が思い描く小平の未来が浮き彫りにされた。

そして、各メンバーは対話の中で生まれたキーワードや気になったことを、白紙のキャンバスに自由に記入していく。

時間が来ると司会者が終了を告げ、メンバーを入れ替えてさらに「ワールドカフェ」は続いた。

最後にＡ４の白紙と付箋《ふせん》が配られる。それぞれが、Ａ４の白紙に「これから、自分が小平でやってみたいこと」を、そして付箋にはそのキーワードとなる一言を記す。

付箋は各自窓に張っていく。

視聴覚室の窓が、「シニアの働き場」、「既存団体の課題解決」「まじり合う」「相乗効果」といったキーワードで埋まった。

ここから改めて始まるのが、仲間探しだ。

それぞれがテーマを記入したＡ４の紙を手に、自分のテーマに近い人を探すのである。テーマが近い人同士の班ができたなら、みたび「ワールドカフェ」形式で自分のテーマを発表していく。近いテーマを持っているだけに会話も弾む。

最後に各班の代表者が、３度目の「ワールドカフェ」から生まれたテーマを披露してエンディング。新たなコミュニティビジネスの第１歩がここから始まる可能性があるというストーリーである。

２００６年、小学校時代のＰＴＡの仲間たちといっしょに「マイスタイル@小平」を立ち上げ、その代表をつとめているのが竹内千寿恵さんだ。

私の印象からすると、竹内さんもまた、カリスマ性のある「地域の文句言い」である。

働きたい！ 地元で自分たちの仕事を作ったらどうだろう？

竹内さんは、大学卒業後に就職した教育系の出版社で編集に携わった後、結婚・出産・子育てを経験した女性である。

そして、子供が小学校6年生だった頃の1年間をいっしょに過ごしたお母さんたちとNPOを立ち上げた。

「マイスタイルの前身はPTAのお母さん仲間です。子供が6年生だった頃、学校は荒れてまして、学級崩壊という言葉が他人事ではない状況でした。私たちPTAとしてもなんとかしなければならない状態で、お母さん同士が交流を深め、先生や地域社会を巻き込みながら、立て直しの方法を模索したものです。私たちなりにベストは尽くせたかなと思っています。その結果、最後はみんなで気持ちよく卒業式を迎えることができました」（竹内さん）

学級崩壊を防ぐという共通の目的のもとに1年間を過ごしたことにより、PTAのお母さんたちの間に密な関係が生まれた。通常は、子供たちが卒業することでPTAとのかかわりは絶えるわけだが、とくにPTAの中心となって活動した5名の役員（会長、副会長、書記2名、会計）の間に、

「せっかくみんなでここまで頑張ってきたんだから、小平のために何かやらない？」という機運が盛り上がった。

では、自分たちに何ができるのか？

竹内さんを中心に、PTAの元メンバーで話し合いを重ねているうちに、テーマは「仕事」にフォーカスされていった。

「自分たち自身が、子供が中学に入って手が離れる時期でした。もう一度仕事がしたいと思っていたわけです。といっても家事と子育てに専念していた時代のブランクがあり、もう若くはないわけですから、若い頃に比べると商品価値が弱まっている。再就職の活動をしようとすると、どうしてもその壁にぶつかるわけです。それに、いまさらラッシュに1時間も揺られて都心の会社まで通勤する気にはなれない。〝じゃあ、いっそのこと、地元で自分たちの仕事を作ったらどうだろうね〟となったわけです。具体的には地域の課題を解決するという仕事。そのキーワードがNPOであり、コミュニティビジネスだったわけです」（竹内さん）

お気付きのように、地域の課題を解決するというのは、PTA活動の延長線上にあった仕事

である。

NPO認証の書類はあくまでも自分たちで作成すべきだ！

2003年8月、小平商工会が『こだいらネット』という地域ポータルサイトを立ち上げるという情報を得たので、メンバーは、まずは「市民サポーター」という立場で参画した。

これは、「消費者、地域住民といっしょに作るポータルサイト」と銘打った試みであり、竹内さんはここで地域のネットワークを作ったり、自ら出向いて地域の情報を取材しながら、メンバーの取りまとめ役をこなした。

一方で、コミュニティビジネスを学ぶため、「コミュニティビジネスサポートセンター」（東京北区）の事務局に勤務した。修業のつもりの期間限定の勤務。小平のポータルサイトで現場を学び、サポートセンターで中間支援型NPOのノウハウを学んだわけだ。

3年余りの準備期間を経て、2006年の6月には「マイスタイル@小平」の設立総会を開き、東京都にNPO法人申請。同年10月に東京都からNPO法人として認証を受けた。

なぜNPOだったのか?

竹内さんも、他のNPO創設者と同じように、トップダウンではなくフラットな横の関係を好むタイプである。

「私たちはメンバー一人一人に議決権があり、発言権があるという中で活動しているわけですが、そういう知の集合に価値があると思っています。株式会社でも同じようなやり方はできるのですが、NPOの場合は〝そうでなくてはならない〟。マストなんです。そういう組織の在り方が好きでした」(竹内さん)

竹内さんは、NPOの認証を受けるにあたって、「必要な書類は自分たちで作成すべきです」と強調する。

先にも述べたように、行政書士をはじめとした第三者に書類作成を依頼する人も多いようだが、最初から人頼みでないとNPOを設立させられないというのであれば、設立は時期尚早なのではないかということだ。

「認証を受けるためには定款《ていかん》を作り、設立趣旨を記入し、予算を立てて事業計画を記入しなければなりませんが、たくさんの参考書が出ていますし、東京都のウェブページにもすごく丁寧なサンプルが掲載されています。それなのに、最初から人頼みにしたのでは、力強いＮＰＯの運営などできません。そのくらいの覚悟が必要だということ。やればできます。必ずできます！」（竹内さん）

小平市役所近くのワンルームマンションの一室を借り受け、打ち合わせテーブルを置いてマイスタイルの活動はスタートした。以来、前述したように「町おこし系ＮＰＯ」と「中間支援系ＮＰＯ」の両方の役割を担ってきたわけだが、２０１３年8月末にはコミュニティビジネスの新拠点として、市内・学園商店街の一角に「ハタラボ」をオープンさせている。

地域で創業したい人のためにオープンした「ハタラボ」

学園商店街の一角にオープンした「ハタラボ」は小平市の委託により、地域で創業したい人を対象に以下のような支援を実施している。

◆起業・事業相談

地域に根差した事業での操業を志す人や、すでに事業を営んでいるが、第2創業的に事業に取り組みたい人を対象に、相談業務を実施。

相談内容に応じて、ハタラボアドバイザー（専門家）や外部支援機関（行政・金融機関）とのマッチングを行う。

1　相談希望の人に、ハタラボ事務局がメールまたはファックスでエントリーシートを送る。相談者は記入の上、事務局まで返送する。

2　初回はハタラボ事務局が、事務所で面談を担当。問題の解決方法をいっしょに考える。

3　案件に応じて、ハタラボと連携する外部機関（行政・金融機関）やアドバイザーにより、創業に向けたより具体的なアドバイスの場につなげる。

4　相談後、進展ぶりを質問するアンケート用紙を送る。継続してサポートを希望する人は、別途相談を受け付ける。

以上の流れだ。

◆スキルアップ講座／交流会

ハタラボ2階にある寺子屋風のスペースで、事業を行う上で必要となるスキルを高めるための講座と、情報交換や人脈作りのための交流会を実施している。

スキルアップ講座で講師に招くのは、すでにコミュニティビジネスで事業展開している先輩事業家や、専門知識を生かして地域に関わるさまざまな活動を行っている専門家。

交流会でも各回テーマを設けて、それぞれのテーマに沿ったスペシャルゲストを呼んでいる。

「スキルアップ講座」を希望するのは、主に以下の人々だ。

・コミュニティビジネスのノウハウを知りたい人
・事業を行う上で必要な「情報発信」「プレゼン」のスキルを身につけたい人
・先輩事業者や専門知識が豊富な講師の話に興味がある人

同じく「交流会」に出席するのは次のような人々である。

・起業に関して知りたいことや知らせたいことがある人
・同じ志を持った人に出会いたい。そんな仲間と思いを語り合ったり、今後のことを話し合いたい人
・いろんな分野に人脈を広げたい人

ハタラボは小平市の市民生活部・産業振興課が、厚生労働省の起業支援型地域雇用創造事業

を活用して、「マイスタイル」に委託して実現した事業である（ただし、委託は2014年3月末で終了し、4月からは自主事業がスタート）。

マイスタイルに限らず、町おこし系NPOの収益源は、主にこうした公共からの受託事業だが、竹内さんのようにカリスマ性と協調性を兼ね備えたタイプの女性には、行政という垣根を飛び越えて、「事業家」の方向を目指して欲しいと願っている。

周りの人たちに刺激を与えて、何か新しいものを生み出してもらう。いま「ハタラボ」の拠点を構えている学園商店街に空き店舗が出たなら、新たな店舗づくりと客を呼び込むアイディアを提供するといったことができるのも、地域に根差して活動している「マイスタイル」の強みだろう。

これからNPOの世界で起きること

海外コピー型、教育系、町おこし系など各種NPOの世界を見てきたが、これからは、広範囲にわたってNPO同士の業務提携が行われるはずだし、またそうあって欲しいと願っている。

過去、東京・大田区や東大阪の中小の町工場が業務提携して、新しい産業が生まれたことがあったが、それを一つのモデルとしてＮＰＯの業界にも適用するのだ。

そのためのＮＰＯ間の交流の場として期待されるのが、全国の市町村にある「ＮＰＯセンター」だ。

これは各市町村から委託を受けて、地域のＮＰＯ法人の基礎知識や設立手続きのガイダンス、団体運営などの相談を無料で受け付ける中間支援型のＮＰＯ。要するに「ＮＰＯを支援するＮＰＯ」だ。そしてそれらを束ねるのは、東京・千代田区にある「日本ＮＰＯセンター」だ。


ＮＰＯを支援するために、行政系のＮＰＯとして誕生したＮＰＯセンターだが、現時点ではその役割を十分に果たしているとは言い難い。今後は、コンサルタントのような業務にとどまらず、ＮＰＯ同士の業務提携や異業種交流を積極的に推し進めて欲しいと願っている。

たとえば、福祉系ＮＰＯと「カタリバ」のような教育系ＮＰＯがいっしょになる。あるいは「マイスタイル」のような町おこし系ＮＰＯが福祉系と一緒になる。さらには、海外の支援を行っている「ＷＥ21」のようなＮＰＯが福祉系といっしょになる。教育系と町おこし系の合体も可能だ。

ＮＰＯセンターがリーダーシップをとり、そうした業務提携や異業種交流が積極的に行われるようになれば、各NPO法人の収益増加が期待できるはずだ。その前向きの展開をアドバイスすることにより、既存のNPO法人の足腰を強くしてあげるのが本来の役割のはずである。

経済産業省も、こうしたNPO同士の業務提携や異業種交流を促進することを本気で考えるべきだろう。

「業務提携したNPOには補助金を出します！」

というくらいの、具体的な後押しをやって欲しいものだ。

数年後には、NPO法人同士のM&Aが当たり前になっていることを期待する。

2020年に開催される東京オリンピックには若いボランティアが多数参加するはずだから、ボランティアに対する意識を高めるという点では大いに期待できると思われる。ただし、そのボランティア意識を一時的なものに終わらせるのではなく、その後も継続させるために、NPOが主導するなんらかの仕掛けが欲しい。その意味では、東京オリンピックというのはNPOにとっての大きなチャンスだと思う。

第7章

これからはNPOが自分たちの力で寄付市場を作り出す時代だ！

事務所内には膨大な資料とスタッフの
デスクスペースが並ぶ

パブリックリソース財団
代表理事・専務理事
岸本幸子さん

公益財団法人 パブリックリソース財団

設立日	2013年1月
代表者	代表理事・理事長　久住剛
主な事業内容	「誰かの力になりたい」という人びとの志を寄付で実現するために、個人や企業の資金力を社会的事業への投資につなぐ寄付推進の専門組織
事務所	東京都中央区湊2-16-25　ライオンズマンション鉄砲洲第3　202号
HP	http://www.public.or.jp http://www.giveone.net（オンライン寄付サイトGive One）

日本にはもともと「寄付文化」があった

日本全国47都道府県から580人の発起人の賛同を集め、「寄付10兆円時代」の実現を目指して設立された「日本ファンドレイジング協会」（港区・新橋）の調査によると、東日本大震災発生から約1年が経過した時点で、8512万人もの人々が金銭、もしくは物資による寄付を行い、震災寄付の総額は義援金・支援金合わせて約6000億円（個人・法人含む）に上ったという。

日本人のDNAの中にはもともとは寄付文化が宿っているのである。

震災がきっかけとなり、それが表面に顔をのぞかせただけだ。

とくに江戸時代の大阪には、「きたのう貯めて、きれいにつかう」という精神が美徳とされる風土があり、たとえば八百八橋（実際に八百八の橋があったわけではなく、数の多さを形容する意味で「八百八」が使用された）のうち、徳川幕府が直接お金を出した「公儀橋」は数えるほどであり、多くは有力商人の寄付によって作られた「町橋」だという。

中でも有名なのが、淀屋橋を作った淀屋辰五郎だ。

かつての大阪は「水の都」と呼ばれていたことからもおわかりのように、いくつかの人工の水路が東西に走っていた。これは16世紀末に豊臣秀吉が大阪を貫流する淀川の治水を計って運河の建設に着手し、それが徳川家康に引き継がれて完成したものである。

当初、この水路を巡る人やモノの流れは大小の舟に頼らざるを得なかった。舟による運搬には、どうしても限界がある。必然的に、

「橋が必要だ！」

という声があがった。

そこで、八百八橋の誕生である。

浪速《なにわ》の経済は、もともと商人を中心に動いていた。

財を成した有力商人の寄付により、橋梁《きょうりょう》が次々に架けられた。

中でも最大規模のものの一つが、堂島川を渡る橋梁だった。これは、現在の大阪の中心である「ミナミ」と「キタ」を貫通している橋だ。

私財を投じてその橋を作ったのが、当時、大阪一の豪商だった淀屋辰五郎だった。一肌脱いで、橋梁の建築費を町に「寄付」したのである。完成した橋は、彼の名前にちなんで「淀屋橋」

と呼ばれている。

こうした寄付の文化は明治時代になっても受け継がれ、中之島公会堂（現・中央公会堂）や美術館、小学校などが市民の寄付金によって作られた。ちなみに中之島公会堂は、「北浜の風雲児」と呼ばれた株式仲買人の岩本栄之助が、明治4年に100万円（当時）を寄贈したことにより建築が始まった建物である。

このように、少なくとも明治・大正時代までは、日本にも「寄付文化」という成熟した庶民文化があったわけだ。

こうした文化が日本から消えたのは、戦時体制に入ってからであり、決定的になったのは第二次世界大戦終了後のことである。

戦争が終わると、政府の施策は、お金持ちからの寄付を促すといった悠長な方法ではなく、「財政法定主義」「租税法定主義」といった考え方に基づき、徴税という形でしっかりと国民の富を吸い上げた方が得策だという考え方に様変わりした。

「寄付などしなくていいから、とにかく国に税金を納めなさい。税金によって収入を得た政府が、民間に再配分しましょう」

という発想が定着したわけだ。社会主義的発想といってもいいかもしれない。

こうした政府の施策により、日本人は「寄付文化」というものを忘れてしまった。命脈を保っていたのは、寺社への「喜捨《きしゃ》」や、町内のお祭りの「寄付」程度である。あるいは、母校の野球部が甲子園に出場したようなときに回る奉加帳くらいだろうか。

そこで、「なくなった寄付文化をもういちどつくり直そう」という趣旨で活動しているのが中間支援系のＮＰＯ。その代表格が、以下に紹介する「パブリックリソース財団」（東京・中央区）だ。

新ＮＰＯ法の施行以来、日本の寄付税制はほぼ先進国に負けないくらいに整備されたといえるだろう。

そして、阪神淡路大震災および東日本大震災が引き金となり、日本人のＤＮＡの中に眠っていた「寄付文化」も再び頭をもたげてきた。ＮＰＯ団体に寄付したいと思っている人々は少なくないのである。

ところが、いざ寄付をしようとしたとき、どのＮＰＯ団体に寄付していいかがわからない。ＮＰＯサイドは、

「ホームページ上に紹介しています」

というが、寄付者がそのホームページにヒットしない限り、存在がわからない。そして、ホ

ームページを検索してまで寄付するＮＰＯを探そうとする積極的な企業や個人は少数派だ。
パブリックリソース財団は、そんな寄付者とＮＰＯ法人との仲介をする団体である。

ガバナンスと税制面を考慮して選択した公益財団法人

パブリックリソース財団は、「意志ある寄付で社会を変える」というミッションを掲げて、２０１３年2月に公益財団法人としてスタートした。

この「意志ある寄付」について、事務局長をつとめる岸本幸子さんは次のように語る。

「企業や個人から集めた寄付金をただＮＰＯに分配するのではなく、社会を変えるという志を持ち、それを本当に実現してくれる団体に届け、その成果を確認する事業を、私たちは〝意志ある寄付〟と呼んでいます」（岸本さん）

寄付を増やし、もっとも有効に使ってくれるＮＰＯにそれを届けることにより、寄付者とＮＰＯのパートナーシップを実現し、社会を変えていく。それが、この団体のミッションだ。

つまり、社会貢献の志のある個人や企業からの資金を受け入れ、社会のさまざまな課題の解決に役立てるため、その寄付金でＮＰＯや社会企業家の助成を行うのである。

事務局長をつとめている岸本さんは、東京大学教養学部を卒業後、民間のシンクタンクで「市民公益活動実態調査」などを実施した後、１９９６年に渡米してニュースクール・フォー・ソーシャルリサーチの大学院に留学。その後、資金仲介組織である「ニューヨーク・コミュニティ・トラスト」にフェローとして勤務した後、帰国して、パブリックリソースセンターの創設（２０００年）に参加といった経歴の持ち主。寄付文化に精通したプロである。

パブリックリソース財団の前身は、２０００年に設立された「ＮＰＯ法人・パブリックリソースセンター」だ。12年間にわたるシンクタンクとしての活動を経て、東日本大震災を契機に寄付推進の専門組織として、２０１２年3月に一般財団法人「パブリックリソース財団」を設立し、翌年には内閣府から公益財団法人の認定を受けて、公益財団法人「パブリックリソース財団」として新たなスタートを切った。

公益財団法人とは、一般財団法人の中で、２００8年施行の『公益法人認定法』に基づき、公益性を認定された財団法人であり、公益を目的とした事業は非課税になるなど税制上の優遇措置を受けられる団体だ。

公益財団法人にした背景を、岸本さんは次のように説明する。

「理由としては、ガバナンス（意思決定や合意形成のシステム）と税制面の2点が上げられます。ガバナンス面でいえば、NPO法人は社員（総会で議決権を持つ会員、いわゆる正会員）の入会に制限を加えることができません。仮に私たちの団体が多額の寄付金を抱えるようになり、それを知った人が〝私も社員になりたい〟と押し寄せたようなとき、入会を拒むことができない。誰でも議決権を持つ社員になれるわけです。そういう人が多数になったとき、総会でミッションも定款も事業内容も変えることができる。わかりやすくいえば、NPO法人は、理論上は乗っ取りのリスクがあります。それは避けたいと思ったのが理由の一つです。公益財団法人は、評議員会、理事会の設置が義務付けられており、評議員・評議員会が役員や理事会を監督する役割を担います。そしてもう一つが税制の問題。といっても寄付税制ではなくて、法人税の問題です」（岸本さん）

税制面では、通常のNPO法人に比べ、どのような点で有利なのか？

ここで、パブリックリソース財団の事業内容を簡単に紹介しておこう。

この財団は、コーディネーターとして「寄付者・NPO・受益者」の間に信頼の輪を形成する中間支援系の組織であり、助成のために以下のような基金を用意している。

◆教育基金

教育の課題解決に取り組むＮＰＯや社会的企業を応援。助成先の第1号として、本書でも紹介した「ティーチフォージャパン」を応援している。

◆フヨウサキナ　東北の未來をつくる女性と子供　応援プロジェクト

全国で実施したチャリティバザーからの寄付をもとに、東北の未來を切り開く女性と子供の未來を応援している。

◆日本興亜　東北「社会起業家」応援ファンド

「Ｅｃｏ-Ｎｅｔ約款」などの利用に応じた寄付をもとに、被災地支援に取り組む東北の社会起業家11名を応援している。

◆未来につなぐふるさと基金

使用済みのカートリッジの本数と、コピー紙の販売数に応じた寄付で、環境保全活動を支援している。

◆アート&ヘルス基金

アートの力で病院や福祉施設、学校、コミュニティケアの場を豊かな空間とするための基金。

これらの寄付基金を通じた助成活動以外にも、企業の社会貢献活動の支援、具体的には企業が社会貢献活動をする際の設計や実施支援、社員による募金制度の構築、CRM（商品の販売に連動した寄付）のコンサルティングを行っている。

あるいは、社会的な活動を行うNPOなどに対する研修事業。これは、寄せられた寄付金を社会創造に最も有効に使われるように、活動を行うNPO等の組織力（マネージメント力や事業遂行力など）を高めるための研修やコンサルティングを行っているし、さらには「調査研究」「情報発信」「政策提言」などに関する事業を行っている。

つまり、パブリックリソース財団は個人や企業からの寄付金を仰ぐだけでなく、各種事業を手掛ける事業型NPOである。

このような事業収益に対する課税制度は、法人格によって違いがある。

「たとえば、私たちはNPOに対してマネージメントに関する研修講座事業を行っています。NPO法人だと、法人税法上の〝技芸教授業〟に該当するということで、これが課税対象になるのです。認定NPOになっても事情は同じです。ところが公益財団法人に認定され、それが公益事業だと認められれば、課税されない。同じ事業をやっていても、NPOと公益財団法人とでは課税・非課税が違ってくるのです。それが、私たちが公益財団法人を選択したもう一つ

の理由です」（岸本さん）
以上のように、ガバナンスと法人税の2つの理由で、公益財団法人を選んだわけだ。

寄付文化を後押しするインターネット社会

岸本さんは財団の運営を通じて、

「日本人にとって、寄付文化が身近なものになってきた」

という手応えを感じているそうだ。

「一番大きかったモーメントはやはり、東日本大震災です。寄付の引き金というか、日本人のDNAの中に眠っていた寄付文化が震災により目覚めた。それを後押ししたのがインターネットの存在ですね。寄付だけでなく、ボランティアもそうですし、物資を送るという動きもそうだったのですが、情報の伝達がネットを介して行われたというのが大きかったと思います」（岸本さん）

たしかに、ネット社会は個人から個人への情報の伝達を爆発的に促した。

「僕の実家が崩壊した」

「知り合いの家が大変なことになっている！」

とくにインターネットの利用率が高い若者は、こうした個人情報に敏感に反応し、

「少しでもいいから寄付しよう」

「自分が物資を集めて、被災地に送ろう」

というムーブメントが起きたのである。

「つまり、ネット社会が日本にエブリワン・ファンドレイザー（ファンドレイザーとは、民間非営利組織の資金集めを担当する人のこと）の動きをもたらしたということです。これは、アメリカでは日常的なことです」（岸本さん）

たとえばサッカーチームが遠征したいとなれば、チームの子供たちは道端でクッキーを売ったり、洗車のアルバイトをして自分たちで遠征費を稼ぐ。あるいは、自分が子供のときにお世話になっていたオーケストラがコンサートを開催するための費用が必要だとなれば、ＯＢ連中が自ら走り回って寄付金を集める。アメリカでは、何か必要性が生じるたびに、子供も大人もファンドレイザーになるのである。

「それと同じように、今回の東日本大震災では、一人の若者が周囲に〝集めようよ〟と声を

かけ、集まった寄付金や救援物資を知り合いのNPO、ボランティア団体、サークルに届けるという動きが見えた。つまり、震災が寄付を身近なものにさせたなと実感しています」（岸本さん）

パブリックリソース財団でも、オンライン寄付サイト「Give One（ギブワン）」を運営している。

これは独自の審査基準によってスクリーニングし、先端的な社会問題に取り組む信頼の置ける200以上の活動プロジェクトを審査して掲載。関心のあるプロジェクトを選択し、誰でもインターネットで寄付を始められるというシステムだ。

「現在、アメリカの寄付総額と比較して、日本の寄付総額は非常に少ないのですが、それは日本人の心根とか心情の問題ではなく、戦後日本の〝国が中心となって福祉を推進する〟というあり方が大きく影響しました。それが戦後の一時期に適した形だったのは間違いないところですが、それがまた大きく変わってきている中で、再び寄付文化を根付かせるのは難しいことではない。震災後の若者たちの動きを見ていて、そう感じています」（岸本さん）

寄付者との間をつなぐNPO法人は、この基準で選ぶ

「意志ある寄付で社会を変える」というのがパブリックリソース財団のミッションだが、では企業や個人から集めた寄付金をどういう基準でNPOや社会起業家に配分しているのだろうか？

「基準を定め公開していますが、選定基準の前提になるのは、まず志と本気度ですね」（岸本さん）

ここでいう「志」と「本気度」には、その具体的な裏付けが必要だ。

たとえば、ミッションを実現するための計画はどこまで熟しているのか？　そこではリアルな青写真が要求されるのはいうまでもない。

あるいは、メンバーはどれだけの時間を投入できるのか？

いま築いているネットワークの中で、どれだけの数の専門分野の人材やサポートしてくれる人を持っているか？

それらを含めた「志」と「本気度」だ。

また社会起業家の場合は、今までの仕事を辞めてゼロからスタートする場合も多いので、「ここ1~2年はどうやって食べていくつもりなのか?」という質問もする。

「新聞を読んで、〝これは問題だと思った〟ということなら誰でも言えます。私たちが支援したいのは、その社会問題のどこにくさびを打ち込むかということがよくわかっている人。どんな小さな社会問題でもいいので、くさびを打ち込み、どうやって入り込み、どうやって変化を起こすかというプランが明確な人。別の言い方をすると、戦略論が分かっている人と協働したいと思います」(岸本さん)

パブリックリソース財団は「オンライン寄付サイト」に寄せられる寄付金を配分するNPO団体を選ぶが、先方もこちらを選ぶ。人と人との関係と同じく、団体と団体であっても「相性」がものをいうというわけだ。

「相性がいいのはやはり、課題を掘り下げてくさびを打とうという戦略重視のNPOですね。理詰めで掘り下げていくところもあれば、理詰めではなくて経営者的というか、直観型のタイプもいます。いろいろなパターンがありますが、やはり継続的にやり通す志と本気度が求められます」(岸本さん)

いま、パブリックリソース財団が運営する「オンライン寄付サイト」に登録されているNPO法人は全部で150団体、212プロジェクトに上っている。

今後、日本でも注目されるマンション型の財団

第二次世界大戦前、アメリカを襲ったインフレは各地にあった財団に大きなダメージを与えた。インフレによって貨幣価値が下落してしまい、思うようなNPO活動ができないという事態が生じてしまったのである。

このとき、オハイオ州の東部にあるクリーブランドで活動していたコミュニティ財団が、「歴史ある財団を、インフレでなくしてしまうのはもったいない」と、ある策を講じた。

同様の危機に直面していた地域の小規模財団をすべてひとまとめにして、大規模なコミュニティ財団を新たに創設したのである。

たとえば1億円の基金しか持たない財団であっても、50団体集めれば50億円の基金ができ

る。50億円あれば敏腕の営業マンを雇って、大規模になった財団の存在をコミュニティにアピールできる。こうして、露出度が高まるにしたがって寄付金も集めやすくなる。

この財団のユニークなところは、統括される前の小規模財団時代の名前をすべて残したことにある。「〇〇基金」「▲▲基金」と、寄付した個人や団体の名前を個別に残し、それぞれの希望に沿った分野に資金を提供するのである。

いわば、「マンション型財団」とでも呼ぶべきだろう。

日本でマンション型の財団といえば、大阪・中央区にある公益財団法人「大阪コミュニティ財団」があげられる。

この財団の最大の特徴は、寄付した個人や企業が、「自分・自社」の財団を持つことができるという点にある。寄付者はマンションの各部屋に表札をつける感じで、「山田基金」「田中基金」「ABC会社基金」といった名前を付けることができる。そして、このマンションには共有スペースがある。個々の基金が独自性を保ちながら、理事会、スタッフ、オフィス、選考委員会など、通常の財団が別個に持っている機能を共有し、自分の意思に沿った助成先を探してもらえるわけだ。

パブリックリソース財団と同じく、今後一層の発展が期待される財団である。

マンション型財団の個人・団体基金のイメージ

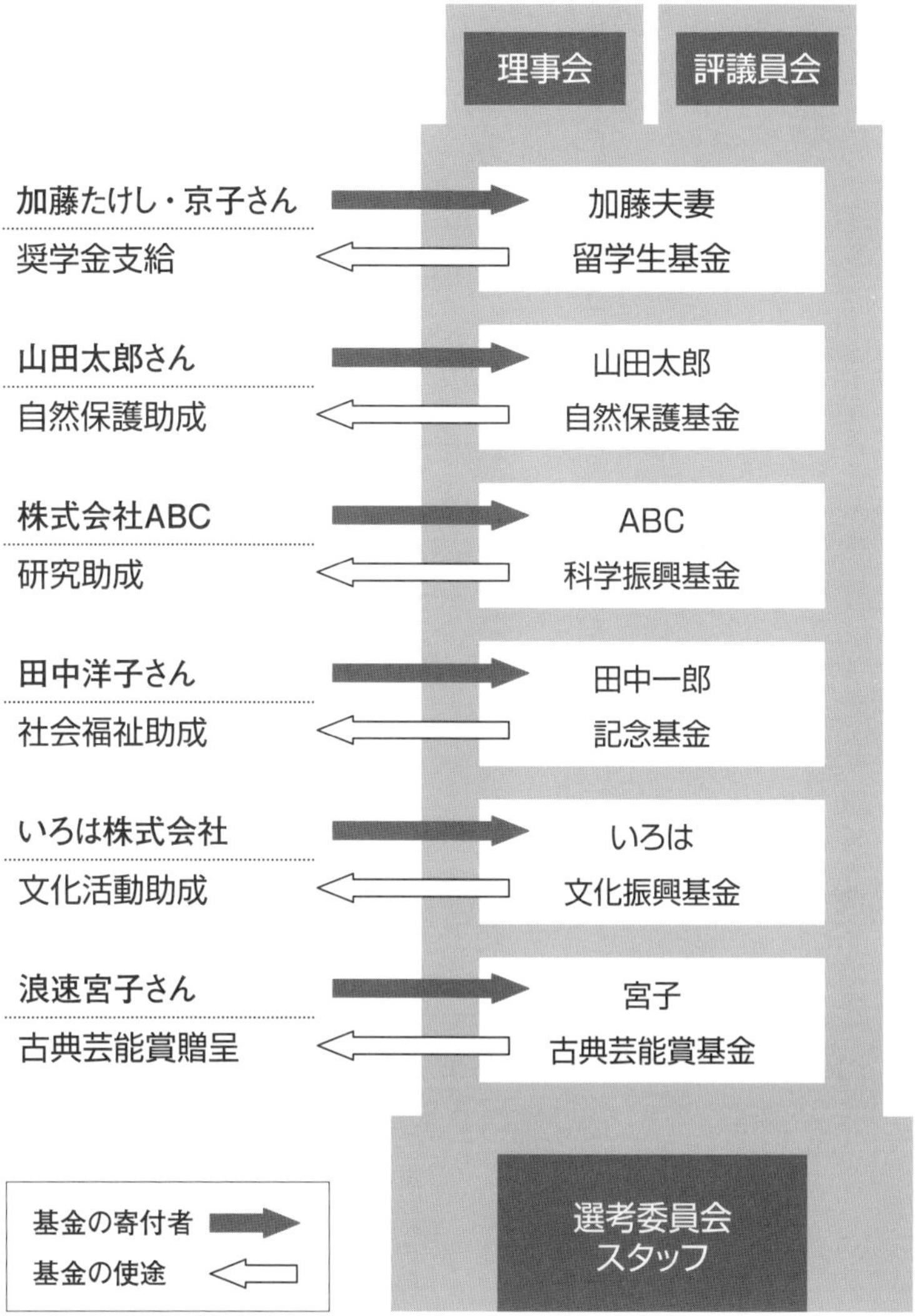

NPOは自分たちの力で寄付市場を作り出せ！

パブリックリソース財団や大阪コミュニティ財団が注目されるということは、裏を返せば、既存のNPO法人は自分たちの広告宣伝ができていないということになる。情報を提供しないから、寄付者はどのNPO法人に寄付すればいいのかがわからない。前述したように、NPOサイドは、

「ホームページに出しています」というが、日本のNPO法人は5万程ある。その中から自分が寄付したいNPOを探すという作業は、大げさにいえば砂漠で針を探すようなものだ。優れたミッションと事業内容の青写真を掲げるNPO法人であっても、無視され、誰も気付かないのでは意味がない。

私は、経済産業省が本腰を入れるべきだと思っている。

日本人が情報を入手する媒体は、やはりテレビである。ネットが普及したとはいえ、やはり一番の影響力を持っているのはテレビだろう。そこで、経済産業省は各自治体を支援して、ケ

ーブルテレビに「NPO専用のチャンネル」くらい設置してはどうか。番組内で、これはと思うNPO法人のコマーシャルを流してあげるのもいい。あるいは「寄付の日」を設けて大がかりなイベントを行うというのも、一つの方法だろう。政府はそうした「NPO宣伝」のために、お金を使ってもらいたい。

NPO法人サイドにも、寄付集めをするための努力が必要である。私はNPO法人から相談を受けると、

「もっと自分たちで宣伝しなさい」とアドバイスしている。

すると、一様に返ってくるのは、

「自分たちは小さなNPOだから、そんな余裕はない」という答えである。

お金がないのなら、知恵を働かせるべきだと思う。そこで私は、

「だったら、みんなで集まりなさい」そんなアドバイスをしている。

たとえば30の団体が、1団体あたり月に1万円出せば30万円のお金が集まる。その30万円で営業マンを雇って、宣伝と寄付集めをしてもらう。30団体くらいであれば、一人の営業マンで十分なはずだ。ビジネスの連携をするという姿勢が、いまのNPOには欠けている気がしてならない。どのNPOも寄付金が欲しい。しかし、本気で寄付集めをしようとしているNPO法人は数少ないのが現状だ。

あとがき

長いトンネルの終点がようやく見えて来た日本経済ではあるが、諸制度はまだまだ20世紀を引きずっている。

20世紀末に、民間での非営利活動の必要性を認識はしたものの、政府・行政、とりわけ中央官庁の意識はまったくと言っていいほど変わっていない。その典型が予算制度改革の遅れや規制緩和への消極性などに見られる。

しかし、非営利活動に対する法整備や税制は、政治主導で、ゆっくりとではあるが着実に進んできた。組織に対しては、比較的中小の活動に関して「特定非営利活動法人制度」が整備され、一方で大中規模の活動に対しても「新公益法人制度」がスタートしている。また寄付税制も、複雑ではあるが大幅に改革され、優遇制度が整備された。

政府・行政部門の意識はまだ十分には変化していないものの、制度整備にともない、非営利活動は以前に比べると量的にも分野的にもかなり大きく展開されている。

こうした潮流の中で、本書では今後の日本において重要な役割を担うＮＰＯに注目してみた。現状の問題を認識し、たゆまぬ改革を進めようとする「清新なＮＰＯ」。そうしたＮＰＯが続々と登場してくれれば、21世紀の日本は長いトンネルから抜け出し、「清新な日本」になるに違いない。

これからＮＰＯを立ち上げようとしている方々、現在経営・従事している方々が、今後の活動やその進め方を検討する上で、本書で紹介した先進的で清新なＮＰＯを参考にしていただければ幸いである。

なお本書執筆にあたり、インタビューを引き受けて下さった各団体のみなさま、詳細な助言をいただいた関係者のみなさまに心より感謝申し上げる。

跡田直澄

〈主な参考文献〉

・「カタリバ」という授業（上坂徹　栄治出版）
・寄付白書２０１２（日本ファンドレイジング協会編）
・あなたの参加が世界を変える（ＷＥ21ジャパン編）
・利益が上がる！　ＮＰＯの経済学（跡田直澄　集英社インターナショナル）

各団体、自治体ホームページ、および資料

跡田直澄────あとだなおすみ

1954年名古屋市生まれ。学習院大学経済学部卒。経済学博士。大阪大学大学院国際公共政策研究科教授、慶應義塾大学商学部教授などを経て、現在は嘉悦大学ビジネス創造学部教授。専攻は公共経済学、数量経済分析。主な著書に『利益が上がる! NPOの経済学』（集英社インターナショナル）、『散歩でわかる経済学』（ヴィレッジブックス）、『安売りしない「町の電器屋」さんが繁盛している秘密』（青春出版社）など。

NPO《エヌピーオー》で起業《きぎょう》する!　稼《かせ》げるNPO《エヌピーオー》の経営術《けいえいじゅつ》

2014年6月20日　初版第1刷発行

著　者　跡田直澄
発行者　村山秀夫
発行所　実業之日本社
〒104-8233　東京都中央区京橋3-7-5　京橋スクエア
編集部　☎03-3562-1967
販売部　☎03-3535-4441
ウェブサイト　http://www.j-n.co.jp/
印　刷　大日本印刷株式会社
製本所　株式会社ブックアート

ISBN978-4-408-33510-0（編集企画第3）